## *Estudos de*
## Direito Civil – Constitucional

**Volume 2**

0794

C268c   Cardoso, Simone Tassinari
      Do contrato parental à socioafetividade / Simone
Tassinari Cardoso. Família, entidade familiar e união
de indivíduos do mesmo sexo / Felipe Partro Klein. –
Porto Alegre: Livraria do Advogado Ed., 2004.
      175 p.; 14x21cm. – (Estudos de Direito Civil-Cons-
titucional / org. Ricardo Aronne; v.2)
      ISBN  85-7348-329-6

      1. Direito de Família. 2. Família. 3. Casamento en-
tre pessoas do mesmo sexo. I. Klein, Felipe Pastro. Família, entidade familiar e união de indivíduos do mesmo
sexo. II. Título. III. Título: Família, entidade familiar e
união de indivíduos do mesmo sexo.

CDU – 347.6

      Índices para o catálogo sistemático

Direito de Família
Família
Casamento entre pessoas do mesmo sexo

(Bibliotecária responsável: Marta Roberto, CRB-10/652)

*Estudos de*
Direito Civil – Constitucional
Volume 2

Ricardo Aronne
ORGANIZADOR

---

SIMONE TASSINARI CARDOSO
Do Contrato Parental à
Socioafetividade

FELIPE PASTRO KLEIN
Família, Entidade Familiar e
União de Indivíduos do mesmo Sexo

*livraria*
DO ADVOGADO
*editora*

Porto Alegre 2004

©
Simone Tassinari Cardoso
Felipe Pastro Klein
2004

*Projeto gráfico e composição*
Livraria do Advogado Editora

*Pintura da Capa*
Salvador Dalí - Imagem de Dalí Art Museum

*Revisão*
Rosane Marques Borba

Direitos desta edição reservados por
**Livraria do Advogado Editora Ltda.**
Rua Riachuelo, 1338
90010-273  Porto Alegre  RS
Telefax: 0800-51-7522
livraria@doadvogado.com.br
www.doadvogado.com.br

Impresso no Brasil / Printed in Brazil

O presente volume desta coleção é dedicado à memória da *Profa. Dra. Carmem Lúcia Silveira Ramos*, Professora Titular da UFPR, cujo falecimento ressente o Direito Civil Contemporâneo brasileiro.

*Grupo de Pesquisa Prismas – PUCRS/CNPq*

Agradecer é tarefa árdua, porque cremos ser, em grande medida, pequenos pedaços de todos os que conviveram e convivem. De todos estes levamos algo.

Externamos os mais sinceros agradecimentos ao Prof. Dr. Ricardo Aronne, "parceiro epistemológico" desta travessia, questionador incansável de idéias pré-concebidas e companheiro fundamental na construção de um saber sólido, sem ser inflexível, coeso, porém aberto, crítico, sem esquecer as virtudes, e, acima de tudo, humano.

Aos nossos pais e irmãos pela vida, aprendizado e incentivo sem os quais não estaríamos preparados para desvendar novas idéias.

Aos amigos, Cícero Troglio e Eliana Borges de Azevedo, por auxiliar-nos na transformação dos sonhos em realidade.

Aos clientes pela inafastável confiança depositada em jovens profissionais, em especial à família Porto Alegre, exemplo de coragem e luta.

Por fim, aos companheiros de caminhada - turma 489.

E acima de tudo, à Deus.

*Simone Tassinari* e *Felipe Klein*

# Prefácio

Mostra-se alvissareira a publicação do segundo volume dos Estudos de Direito Civil-Constitucional, organizado pelo dinâmico e talentoso Prof. Dr. Ricardo Aronne. A iniciativa é mais que oportuna, suscitando a reflexão crítica sobre os temas atuais do direito civil contemporâneo na perspectiva do direito civil constitucional. Advirta-se, de logo, que tal metodologia não se restringe, como pretendem alguns, a uma descrição topográfica (e talvez ociosa) de princípios constitucionais relacionados com o direito material. Ao contrário, significa a reconstrução das categorias do direito privado à luz da axiologia constitucional, definindo uma nova dogmática informada pela solidariedade social, igualdade substancial, integridade psicofísica e liberdades existenciais, que dão conteúdo ao princípio da dignidade da pessoa humana.

Os dois textos reunidos nesta obra demonstram a pujança da produção científica do direito civil brasileiro, revelando dois jovens e dedicados estudiosos, ambos orientados pelo Prof Dr. Ricardo Aronne. Os ensaios de Simone Tassinari e Felipe Klein voltam-se para a complexa tessitura das relações jurídicas existenciais, tradicionalmente construídas sob o inadequado paradigma da dogmática dos direitos patrimoniais. Valendo-se de rica experiência transdisciplinar, advinda, certamente, de sólida formação humanista associada à intensa militância forense, os textos apresentam uma leitura do direito de família inserido na tensão dialética de saberes diversos, especialmente a psicanálise, a história, a psicologia, a economia e a sociologia. Fiéis ao método tópico-sistemático, traçam recorte epistemológico coerente com a formulação crítica que procuram desenvolver em relação às construções tradicionais do Direito de Família.

Simone Tassinari é professora da Faculdade de Direito do Instituto Metodista de Porto Alegre, pesquisadora, advogada e mestranda em Direito na PUCRS. Analisa o modelo familiar forjado pelas codificações do Século XIX e absorvido pelo codificador de 1916, sob a égide do modo de produção colonial. A passagem do paradigma matrimonial, patrimonialista, hierarquizado e patriarcal para a família pluralista, fundada no afeto e funcionalizada à concretização da igualdade e à realização pessoal de seus membros é objeto de sua investigação, que procura sublinhar a incorporação da legalidade constitucional à leitura do texto codificado.

Felipe Klein é também pesquisador e advogado, em fase de conclusão de seu projeto de mestrado. Dedica-se aqui às uniões homoafetivas, procurando delinear seus contornos na ordem pública civil-constitucional, tendo em conta os princípios constitucionais que iluminam as relações existenciais, como expressão da dignidade da pessoa humana.

Em boa hora chega ao público este volume, destinado a atiçar o debate. A palavra com o leitor.

Petrópolis, junho de 2004.

*Gustavo Tepedino*

Coordenador do Grupo de Pesquisa Perfis – UERJ/CNPq
Professor Titular de Direito Civil da Faculdade de Direito
da Universidade do Estado do Rio de Janeiro – UERJ.

# Sumário

Apresentação - Ricardo Arone (org.)
Por um Direito Civil-Constitucional . . . . . . . . . . . . . . . 11

**I. Do Contrato Parental à socioafetividade** . . . . . . . . . . . . 17
1. Introdução . . . . . . . . . . . . . . . . . . . . . . . . . . . . 19
2. Revolução Francesa: A defesa da família burguesa . . . . . 23
3. Casamento e sistema fechado, uma opção axiológica . . . . 35
4. A revolta dos fatos contra o Código . . . . . . . . . . . . . 47
5. Contornos da família privada brasileira . . . . . . . . . . . 59
6. Do campo para cidade: a década de 1930, crise do café e a
   nova realidade brasileira . . . . . . . . . . . . . . . . . . . 69
7. Um novo Direito para uma nova família . . . . . . . . . . . 78
8. Constituição de 1988: família para os excluídos . . . . . . . 91
9. Conclusão . . . . . . . . . . . . . . . . . . . . . . . . . . . . 103

Referências Bibliograficas . . . . . . . . . . . . . . . . . . . . . 106

**II. Família, Entidade Familiar e União de Indivíduos do mesmo Sexo** 111
1. Introdução . . . . . . . . . . . . . . . . . . . . . . . . . . . 113
2. Do Código Civil à Constituição - o Direito em mutação . . 116
3. O papel da família na virada do século XIX . . . . . . . . 126
4. Codificação e *status quo* - o papel do Código e o reflexo
   na família . . . . . . . . . . . . . . . . . . . . . . . . . . . . 134
5. O paradigma eudemonista . . . . . . . . . . . . . . . . . . . 142
6 . Família e Constituição . . . . . . . . . . . . . . . . . . . . . 149
7. Receptividade da união de indivíduos do mesmo sexo no
   ordenamento jurídico . . . . . . . . . . . . . . . . . . . . . . 158
8. Conclusão . . . . . . . . . . . . . . . . . . . . . . . . . . . . 169

Referências Bibliográficas . . . . . . . . . . . . . . . . . . . . . 172

# Apresentação

## Por um Direito Civil-Constitucional

Quando o Direito conseguiu transpor as portas do misoteísmo, alçando sua vista para além do horizonte farisaico da dogmática oitocentista que o desenhou (ou desdenhou) na modernidade, encontrou uma sociedade ferida por tão prolongado abandono.

Reorientado pelo princípio da dignidade humana e devidamente alinhado ao compromisso constitucional de construção de uma sociedade igualitária, justa e fraterna, uma mutação se pôs em curso, desencadeando um Direito Civil renovado, cuja mobilidade é a única certeza, à qual pode garantir um mínimo de instrumentalidade.

Um olhar investigativo sobre as relações interprivadas, dos projetos parentais ao trânsito jurídico, das titularidades ao biodireito, implica uma serena superposição de objetos de estudo, que oscila entre o patrimônio e o sujeito.

Em ambiente ductil, onde ator se confunde com cenário, e tema transforma-se em fio condutor, não existem obviedades ou neutralidades. Distinções nascem do criar diferenças e isso gera desigualdades, que não raro traduzem-se em dominação (*ex vi dominium*). No arco histórico que parte do apogeu do Direito Romano para alcançar a Revolução Francesa - útero do Direito Civil Clássico -, ou seja, do olhar do *pater familias* para o comerciante burguês, tanto a dicotomia entre *ius civile* e *ius gentium*, quanto à distinção entre Direito Público e Direito Privado, são exemplos que bem circunstanciam e denunciam a primeva assertiva.

Uma monocompreensão dogmática do fenômeno jurídico privado há de ser prismada para revelar os múltiplos fatores que a compõem, publicizando o tradicionalmente apontado fenômeno privado, pluralizando os multifacetários atores sociais e democratizando o acesso ao reservado mundo do Direito Civil. Este é o compromisso que a presente coleção esgrime.

A coleção Estudos de Direito Civil-Constitucional é fruto do profícuo esforço científico de um grupo de estudos interinstitucional, organizado em 1997 com alunos e pesquisadores da PUCRS, voltado para o estudo do Direito Civil contemporâneo, na esteira do projeto Virada de Copérnico, organizado pelo Prof. Dr. Luiz Edson Fachin, cuja contribuição para a compreensão deste novo Direito Civil que se desenha e redesenha, diante da realidade social e do núcleo da axiologia constitucional, é ímpar.

Nasce, pois, este veículo científico do Projeto de Pesquisa Prismas, para proceder à interlocução entre o clássico e o contemporâneo, bem como com os grupos que se irmanam ao presente projeto, respectivamente o Perfis (UERJ) e Diálogos (UFPR), cuja identidade das linhas de pesquisa ubica o desejo de construir um Direito Civil apto a não ser privado de sua essência: o homem.

Neste horizonte de "repersonalização" e "publicização" do Direito Privado, os três pilares do Direito Civil clássico, as titularidades, o trânsito jurídico e os projetos parentais não encerram o desafio das relações interprivadas, cujo rol de personagens há de ser plural, a exemplo da sociedade à que se destina, concretizando um Estado Social, nos moldes da teleologia constitucional que alicerçou a tecitura jurídica a partir de 1988 e conforme já denunciado por autores do porte de Pietro Perlingieri, Vito Rizzo, Gustavo Tepedino, Antonio Carlos Gediel, Maria Celina Bodin de Moraes, Paulo Netto

Lôbo, Paulo Nalin, Cristina Zamberlam, Heloisa Helena Barbosa, Ricardo Lira Filho, Maria Cristina de Cicco e Rosana Fachin, entre muitos que podiam e deviam ser citados.

Os afazeres epistemológicos, na presente coleção, levada a público pela Livraria do Advogado, têm seu núcleo comum identificado, não perdendo sentido com o passar dos anos. Há de se tratar de um Direito Civil-Constitucional, visto até hoje granjear, no cenário doutrinário, produções ubicadas na racionalidade oitocentista, de muito desafiada e vencida na pós-modernidade.

Ainda que se proclame não existir Direito fora do escopo constitucional, vasta parte da doutrina brasileira - principalmente a manualística -, se preserva conceitualista, formal e abstrata, sem qualquer compromisso com a realidade social ou mesmo jurisprudencial, insistindo em identificar o próprio Direito Civil com o Código Civil.

Sinal do que ora se explicita, assenta-se no fato de asseverar-se com o advento do, falaciosamente novo, Código Civil brasileiro, a reunificação (termo melhor seria reificação) do Direito Privado. Tal questão, além de remontar a dicotomia Público *versus* Privado, é falaciosa, guardando um discurso conservador e conservacionista travestido de inovação.

Importa prosseguir a reflexão iniciada a partir do que é doutrinariamente apontado como o fenômeno da "constitucionalização" do Direito Civil, em sentido não meramente passivo, descritivo e acrítico. Sem dúvida, esta não pode ser a postura indicada ao jurista, em um panorama constitucional que não mais privilegia o *status quo*; tão caro ao Direito Civil forjado na Revolução Francesa após ter sido embalado nos braços burgueses do jusracionalismo.

Não somente os temas centrais do Direito Civil tradicional haverão de ocupar os volumes que hão de compor este projeto. Plural, como a sociedade contemporânea, haverá de ser articulada a interlocução, sem

Estudos de Direito Civil – Constitucional
Volume 2

compromisso com a dogmática em esclerose, mas sem queimar as pontes que nos trouxeram até aqui ou ignorando o asfalto que pavimenta nosso percurso.

Empresa, codificação, titularidades, normatividade, família, teoria geral, trânsito jurídico, espaços públicos compartilhados, biodireito, meio ambiente, enfim, toda a complexidade da sociedade pós-moderna e seus liames interpessoais, há de ser compreendida dentro da linha de pesquisa que nucleia a temática civil-constitucional, que envolve hodiernamente a vida em sociedade.

Funda-se, pois, na epistemologia da pós-modernidade, reconhecendo o pensamento tópico-sistemático, nos moldes formulados por Juarez Freitas e Canaris, como lente apta a desvendar teleologicamente a axiologia da tecitura aberta da matéria-prima jurídica, a normatividade, sem soçobrar no positivismo herdado do século XIX.

Assim, o projeto Prismas é formado por uma "comunidade de intérpretes" (Habermas), alijados do conformismo dogmático ou do ceticismo acéptico, com vistas a repor o homem como sujeito de sua própria história, não se há de abrir mão da interdisciplinariedade. Os conhecimentos hão de ser vertidos de modo dialético, pois o Direito não pode e não deve ser compreendido a partir de si mesmo. Filosofia, História, Sociologia, Psicanálise, Economia, Educação, Geografia, Ciência Política, Medicina, entre outras, são ciências das quais o jurista não pode abrir mão.

O toreador de Dalí, escolhido como arauto dos textos, não comparece apenas por razões de ordem plástica. Criada em 1968, observa-se a mutação da divindade, representada pela Vênus de Milo, e sua lágrima pelo animal ferido, o Touro de Gala. Evoca a invasão francesa à Catalúnia e seus sinais presentes. A temática possui uma mesma cidadania epistemológica que denuncia certa quadra, ainda que não exata, de valores.

A constitucionalização do Direito Civil trouxe uma nova racionalidade; estranha ao civilista tradicional, idólotra das fórmulas codificadas. O dado, com isso, perde espaço perante o construído. Este último não se legitima mais pelo processo que o valida, legitima-se pela axiologia que prepondera na inflexão principiológica.

Compreender, reconstruir, desenvolver essa racionalidade é o desafio do civilista que desperta para o milênio que abre. Conforme Michel Serres, esta é a nossa travessia; este é o nosso modo de exposição. Este é o desafio dos *Estudos de Direito Civil – Constitucional*, em parceria com a Livraria do Advogado Editora.

*Prof. Dr. Ricardo Aronne*
(organizador)

Coordenador do Grupo de Pesquisa Prismas
Professor e Orientador de Direito Civil dos Cursos de
Graduação e Pós-Graduação da PUCRS

# I

## Do Contrato Parental à Socioafetividade

SIMONE TASSINARI CARDOSO

# 1. Introdução

"Ou nenhum indivíduo da espécie humana tem verdadeiros direitos ou todos têm os mesmos. E aquele que volta contra o direito de outro, qualquer que seja sua religião, sua cor ou seu sexo, abjurou, a partir deste momento, dos seus próprios direitos".

*Condorcet*

A forma pela qual, no transcurso temporal, a família brasileira recebeu tutela jurídica, manifesta claramente os valores sobre os quais esteve assentado o sistema jurídico vigente em cada época.

A tradição do Direito Civil codificado, elegeu como *standard* de família àquela de caráter transpessoal, hierarquizada e essencialmente matrimonializada, refletindo os valores liberais oriundos da Revolução Francesa.

Contemporaneamente, reconhece-se um contorno familiar sem molduras rígidas, sendo o espaço do lar um lugar de afeto e de realização das potencialidades de cada um de seus membros. Igualdade e respeito abarcam-se na esteira da convivência, somando-se à liberdade como escudo no qual se encontra espaço para a realização da dignidade da pessoa humana, numa perspectiva eudemonista.

Propõe-se como objeto do presente estudo a compreensão das relações familiares dentro da evolução das estruturas axiológicas do sistema jurídico brasileiro, sobretudo no Direito Civil, bem como as influências ideológicas de sua evolução. A trajetória histórica da família é percorrida através de uma visão intersubjetiva, vinculada à compreensão socioeconômica e cultural de cada tempo e espaço. Relevante se faz uma análise das alterações nas estruturas familiares, à medida que se busca identificar as transformações ocorridas na organização deste grupo social, encontrando, no Direito, as conseqüências da mutação, ou mesmo a ausência de respostas jurídicas frente à realidade social.

Como pressuposto para a compreensão das idéias elencadas está a imperatividade da Constituição Federal como norma auto-aplicável, bem como o fato de que esta possui o feixe orientador de toda e qualquer regulamentação do sistema jurídico, devendo ser declarada a inscontitucionalidade de qualquer norma conflitante com os valores, regras e princípios insculpidos na Lei Maior.

Importa revelar a eleição da dignidade da pessoa humana como princípio densificador do Estado Social Democrático de Direito. Há necessidade de que as normas infraconstitucionais, e sobretudo as decisões dos aplicadores, estejam em conformidade com os valores constitucionais, em especial os atinentes à existencialidade, com empalidecimento do patrimonialismo vetusto.

Ergue-se a repersonalização das relações familiares, no sentido de colocar as normas referentes à família em consonância com a estrutura axiológica estabelecida em 1988, buscando, preliminarmente, a tutela do indivíduo enquanto ser. Portanto, a leitura dos institutos previstos no Código Civil somente pode ser realizada à luz dos princípios constitucionais, de forma a alinhar o Direito Civil, enquanto parte do sistema jurídico, à teia axiológica e normativa vigente, com especial valor à proteção da dignidade da pessoa humana.

Tal procedimento é necessário, pois as normas civis, principalmente em direito de família, mesmo após a promulgação do Novo Código, não se amoldam ao ideário consubstanciado no vértice do ordenamento. Aliam-se no presente estudo a repersonalização das entidades familiares e a constitucionalização do Direito Civil, como fio condutor apto a tal empreitada.

O caminho percorrido tem razão de ser, porque ainda subsistem aplicadores do direito presos ao raciocínio calcado no ideal de completude, que embasou as codificações oitocentistas, em que o que não está na Lei, não merece tutela jurídica, ignorando a alteração axiológica promovida pela Constituição.

Em matéria de direito de família, assiste maior razão para tais questionamentos, pois se trata de um dos ramos do universo jurídico mais propensos a alterar-se frente às mudanças sociais. Os fatos emergem da realidade com a rapidez que somente um sistema jurídico aberto é capaz de acompanhar.

Quanto à estrutura, adota-se uma divisão histórico-jurídica, alternando o foco entre a realidade social da família e o Direito, de modo a comparar a situação fática da família e a estrutura normativa que a tutela.

A trajetória desloca-se em direção ao presente. Tem início com uma análise histórica dos padrões sociológicos de constituição familiar, trilhando o caminho dos valores sociais e jurídicos consagrados em cada momento. Em seguida, traça-se um paralelo entre a realidade fática e a jurídica, mergulhando nas transformações sociais ocorridas no Brasil, com a finalidade de identificar o ponto de conexão entre as alterações sociais e as mudanças nas estruturas jurídicas. Por fim, constata-se a mutação da estrutura na qual se assentava o Direito Privado, no interstício Código Civil de 1916 à Constituição, de modo a alterar a essência do mais privado pilar do Direito Civil: a família.

O objetivo da utilização do enfoque jurídico-sociológico diz respeito à busca pelo fundamento axiológico para cada opção legislativa em matéria de família, bem como a identificação das transformações ocorridas nesta matéria entre o Código de 1916 e a Constituição Federal, em uma verdadeira mudança de paradigma.

Em conseqüência, surge a necessidade de repensar as estruturas atuais do Direito Civil, principalmente no que tange ao Novo Código Civil, que adentra o cenário jurídico com discurso inovador, mas cerra os olhos à repersonalização das relações, repetindo as estruturas do Código de 1916. Portanto, sob pena de inconstitucionalidade, é necessário ler o Novo Código Civil à luz da Constituição Federal, de modo a tornar efetiva a linha teleológica nela consignada, pois somente assim, há possibilidade de um Direito para todos, onde as raízes da exclusão impostas pelas idéias liberais e colonialistas cedam espaço para a construção de uma tutela social ampla, sem preconceitos, alinhada aos anseios da realidade, capaz de atender ao ser humano em sua essência e intersubjtividade.

# 2. Revolução Francesa: a defesa da família burguesa

O Direito Civil brasileiro de 1916 elegeu como padrão familiar a entidade fundada no matrimônio, cuja chefia cabia exclusivamente ao homem, sob as influências claras da ideologia do Estado Liberal que se firmou após a Revolução Francesa. Para analisar a família, bem como a origem de seus contornos, importa questionar, através das lentes da historicidade, as raízes das codificações oitocentistas e os valores que governaram, à época, as estruturas do sistema jurídico.

Tradicionalmente, entende-se por Direito Civil aquele formulado no Código de Napoleão,[1] que espelhava, claramente, a teoria política pós-revolucionária, através dos valores consagrados pela burguesia ascendente. Refletindo a visão pandectista[2] do Direito, Franz Wieacker

---

[1] Maria Celina Bodin de Moraes, *A caminho de um Direito Civil Constitucionalizado*, p. 21.

[2] Orlando Gomes, *Transformações gerais dos direitos das obrigações*, p. 3-4: "o *positivismo científico* florescente no século XIX concebia o Direito como um sistema de preceitos e decisões derivadas de princípios deduzidos racionalmente, sem levar em conta, como proclamou Windsheid, considerações éticas, políticas ou econômicas. Trabalhava em síntese, com realidades lógicas, entregues, seus arautos, à tarefa obsessiva de burilar conceitos (...) Para os pandectistas, o ordenamento jurídico há de ser um sistema organizado e independente, isento de lacunas, de sorte que todo o caso jurídico possa ser enquadrado num conceito. Reduz-se, em conseqüência, a função do juiz a mero autômato (...).Procediam seus seguidores a construções realizadas mediante abstrações lógicas que prescindiam dos fatos, ou os desnaturavam em proveito das idéias puras. O abuso revelava-se, segundo Gény, em considerar dotadas de realidade objetiva permanente concepções ideais de índole provisória e meramente subjetiva, de sorte que, para eles, todo o sistema jurídico positivo residia *a priori,* em limitado número de categorias lógicas, predeterminadas por essência, imutáveis em seus fundamentos,

---

Estudos de Direito Civil – Constitucional
Volume 2

define com clareza o período das codificações, que chama de "última imagem do conjunto coerente do direito privado",[3] destacando que esta, à época, enxergou o direito, sobretudo o privado, como um sistema de esferas da liberdade da personalidade autônoma do ponto de vista moral, à medida que as normas baseavam-se na capacidade jurídica plena e igual de todos os cidadãos, o livre uso da propriedade, a liberdade contratual.[4] Quanto à inspiração ideológica, identifica que "provinha da sociedade burguesa, que se tinha começado a impor do ponto de vista social e econômico, desde o século XVIII".[5] Historicamente, Lynn Hunt afirma que os revolucionários se empenharam em traçar a distinção entre o público e o privado, de modo que nada do que fosse particular prejudicasse a vontade geral da nova nação.[6]

Tal inspiração revolucionária repercutiu nas normas jurídicas, através da sistematização operada por Jean Domat, o responsável pela separação das leis públicas das privadas, que serviu de alicerce para o Código de Napoleão e, por conseqüência, para toda a codificação do século XIX.[7] Nascia, portanto, um universo jurídico capaz de atender aos interesses burgueses, pois com os alicerces do liberalismo econômico,[8] e da distinção

---

regidas por dogmas inflexíveis, impróprios, portanto para se acomodarem às exigências da vida, mutáveis e várias".

[3] Em que pese não se concordar aqui com a imagem do autor quando refere ser esta fase a "última imagem coerente do direito privado" (Franz Wieacker, *História do Direito Privado Moderno*, p. 717), tal assertiva remonta com clareza o que se buscou, à época, em termos valorativos: a segurança que a burguesia necessitava, fazendo com que a codificação fosse um sistema auto-suficiente e fechado, embasado na "miragem da completude". Sobre o tema: Norberto Bobbio, *Teoria do ordenamento Jurídico*, p. 120-137 e Gustavo Tepedino, *O Código Civil, os chamados microssistemas e a Constituição*, (*passim*).

[4] Franz Wieacker, *História do Direito Privado Moderno*, p. 717.

[5] *Ibidem*.

[6] Lynn Hunt, *A Revolução Francesa e a vida privada*, p. 51.

[7] Maria Celina Bodin de Moraes, *A caminho de um Direito Civil Constitucionalizado*, p. 21.

[8] Baseados no princípio do "*laissez faire lassez passer* – deixe fazer, deixe passar –, de Gournay"*, propunha-se a total liberdade para as atividades comerciais e industriais "os economistas pregaram essencialmente a liberda-

clara das esferas pública e privada, poder-se-ia obter, paulatinamente, o aniquilamento dos privilégios da nobreza.[9]

Para que a classe burguesa pudesse permanecer no poder, necessitava de um ordenamento que garantisse a proteção do indivíduo frente ao próprio Estado – até então extremamente controlador – restando para este último, o poder de impor limites aos direitos dos indivíduos, única e exclusivamente, em razão de exigências dos próprios sujeitos.[10]

Tal fato é reconhecido pela análise sociológica de Michelle Perrot ao afirmar que as relações entre o público e o privado estão no centro de toda a teoria política pós-revolucionária, pois, diante de uma burguesia que precisava permanecer no poder, a definição das relações entre o Estado e a sociedade civil, entre o coletivo e o individual, passa a ser o principal problema. No campo econômico, predominava o *laisser faire*, através do ideal da "mão invisível", vivendo das glórias adquiridas no século XVIII, enquanto no plano político havia uma preocupação em delimitar as fronteiras e organizar os interesses privados, dentre eles, a família como célula de base da sociedade.[11]

---

de econômica e se opunham a toda e qualquer regulamentação. A natureza deveria dirigir a economia. O Estado somente interviria para garantir o livre curso da natureza". (José Nelson de Arruda e Nelson Piletti, *A crise do antigo Regime: o iluminismo e o despotismo esclarecido*, p. 182)

[9] Cumpre lembrar os ideais iluministas: "as leis naturais regulam as relações entre os homens, tal como regulam os fenômenos da natureza", "todos os homens são bons e iguais; e que as desigualdades seriam provocadas pelos próprios homens". Afirmavam, ainda, que "Ao governo caberia garantir os *direitos naturais*: a liberdade individual e livre posse de bens; tolerância para a expressão de idéias; igualdade perante à lei" e a "justiça com base na punição de delitos". Ressalta-se ainda que tais ideais iam de encontro ao poder da nobreza, cuja condução do poder era altamente reguladora, pois detinham em suas mãos a tributação e a de força das milícias. (José Nelson de Arruda e Nelson Piletti. *Toda a História: história geral e história do Brasil*, p. 110- 112 e 181-182).

[10] Maria Celina Bodin de Moraes, *A caminho de um Direito Civil Constitucional*, p. 22.

[11] Michelle Perrot, *História da vida privada: da Revolução Francesa à Primeira Guerra*, p. 93.

No campo jurídico, o Direito Civil apresenta pretensão exclusivista embasada e um sistema fechado, auto-suficiente, para o qual as Constituições não lhe diziam respeito.[12] Já os Códigos aparecem como a garantia de segurança necessária após a Revolução, para que a burguesia pudesse legitimar o seu poder, estabelecendo-se sobre as bases de um sistema jurídico fechado e onipotente e capaz de prever todas as hipóteses fáticas a serem tuteladas pelo direito.

A compatibilidade valorativa entre os ideais burgueses e os da visão pandectista era total. Ao fundamentar o Direito no princípio da completude, através das idéias de que a codificação esgotava o fenômeno jurídico e de que, para ser bom, o sistema jurídico deveria prever todas as condutas de fenômeno social, sendo o juiz apenas um aplicador do código,[13] evitava-se a tutela de qualquer conduta não interessante à nova classe dominante. O Poder Judiciário estava vinculado às previsões do legislador, composto pela própria burguesia que, ao eleger as normas que lhe seriam mais interessantes, bem como as situações merecedoras de tutela, tinha completo controle sobre o campo do Direito à medida que detinha ingerência sobre a elaboração e aplicação da lei.

O Código Civil de 1916 foi inspirado na doutrina individualista e voluntarista e tratava de regular, do ponto de vista formal – pois deveria prever abstratamente as condutas merecedoras de tutela –, a atuação dos sujeitos de direito, então identificados com o contratante e o proprietário.[14] Neste sentido, a pretensão de tais sujeitos concentrava-se no aniquilamento dos privilégios feudais, poder contratar, fazer circular riquezas, adquirir bens como expansão da própria inteligência e

---

[12] Gustavo Tepedino, *O Código Civil, os chamados microssistemas e a Constituição: premissas para uma reforma legislativa*, p. 2.

[13] Norberto Bobbio, *Teoria geral do ordenamento*, p. 120, e Gustavo Tepedino, *O Código Civil, os chamados microssistemas e a Constituição: premissas para uma reforma legislativa*, p. 2.

[14] Franz Wieacker, *História do Direito Privado Moderno*, p. 717.

personalidade, sem restrições ou entraves legais.[15] O Direito Civil, em nome da segurança que almejava a burguesia,[16] foi identificado com o próprio Código Civil,[17] assentado no trânsito jurídico (contrato), nas titularidades (posse, apropriação) e no projeto parental (família)[18] como institutos fundamentais.

Com o intuito de identificar o papel que as grandes codificações destinaram à família, impõe-se o exame das conseqüências da opção pela defesa da ideologia liberal, no campo dos pilares do Direito Civil. Para a compreensão do todo, em termos civilísticos, perpassa-se, rapidamente, pelas diretrizes codificadas no que tange à titularidade (propriedade e posse), e contrato (trânsito jurídico) antes de adentrar no âmbito da família burguesa (projeto parental) estabelecida pela codificação oitocentista.

O *Code*[19] elegeu a propriedade como instituto central, concebida como o direito de gozar e dispor dos bens da maneira mais absoluta.[20] Tratava da proteção do patrimônio individual e familiar, bem como a autonomia de vontade do ser dotado de bens. Não havia espaço para o indivíduo enquanto pessoa, ao contrário, a tutela do ser humano se dava através de uma visão abstrata deste enquanto titular. A apropriação representava o meio destinado à satisfação das necessidades humanas,[21] e a aquisição de bens caracterizava a expansão da inteligência e da personalidade do homem, como se ser e ter fossem verso e reverso da mesma moeda: o indiví-

---

[15] Gustavo Tepedino, *Temas de Direito Civil*, p. 2.

[16] Jussara Meirelles, *O ser e o ter na codificação civil brasileira: do sujeito virtual à clausura patrimonial*, p. 94.

[17] Maria Celina Bodin de Moraes, *A caminho de um Direito Civil Constitucional*, p. 22.

[18] Luiz Edson Fachin, *A Reforma no Direito Civil Brasileiro: Novas notas sobre um velho debate no Direito Civil*, p. 6.

[19] Código de Napoleão.

[20] Maria Celina Bodin de Moraes, *A caminho de um Direito Civil Constitucional*, p. 22.

[21] Jussara Meirelles. *O ser e o ter na codificação civil brasileira: do sujeito virtual à clausura patrimonial*, p. 105.

duo. Por este motivo, a propriedade deveria ser tutelada sem restrições.[22]

Seguindo a lógica dos valores liberais, o Estado não deveria intervir nas relações entre os particulares. A tarefa do órgão governamental era a de criar condições para que as relações de trânsito de patrimônio se desenvolvessem e que os conflitos emergentes destas relações fossem resolvidos pelos próprios indivíduos.[23]

Já os contratos vinham acompanhados de uma idéia de autonomia completa da vontade. Segundo Jussara Meirelles, tratava-se de uma "suposta autonomia de vontade".[24] Serviam para fazer circular as riquezas, eram o veículo de realização dos indivíduos – neste caso, somente os proprietários. Era o meio de realização da personalidade, à medida que se era em função do que se tinha.[25] Vigia, ainda, a liberdade contratual, como expressão máxima da autonomia privada, porquanto possibilitava aos indivíduos a auto-regulamentação de seus próprios interesses.[26]

Por serem expressão da liberdade e da vontade individual, os contratos tornavam-se vinculantes, obrigatórios e intangíveis, inclusive, com relação a algum eventual julgador.[27] Tal autonomia contratual reforça a idéia de completude do sistema jurídico, inclusive com relação ao papel do Juiz, como aplicador do Código e não do sistema como um todo.

Na família, principalmente no século XIX, não poderia ser diferente, pois o aspecto patrimonial também se sobrepunha ao pessoal. O patrimônio familiar representava, a um só tempo, necessidade econômica e afir-

---

[22] Gustavo Tepedino, *Temas de Direito Civil*, p. 2.

[23] Rosa Maria de Campos Aranovich, *Incidência da Constituição no Direito Privado*, p. 49.

[24] *O ser e o ter na codificação civil brasileira: do sujeito virtual à clausura patrimonial*, p. 99.

[25] Pietro Perlingieri, *Perfis do Direito Civil: Introdução ao Direito Civil Constitucional*, p. 4.

[26] Jussara Meirelles, *O ser e o ter na codificação civil brasileira: do sujeito virtual à clausura patrimonial*, p. 100.

[27] *Ibidem.*

mação simbólica, garantia de moralidade natural, afinal, a família era célula base da sociedade.[28]

Entretanto, nem sempre a família ocupou este *locus*. Michelle Perrot aponta que a história familiar é longa, não linear, feita de rupturas sucessivas. Afirma que toda sociedade procura acondicionar a forma da família a suas necessidades.[29] Por tal razão, é necessário contextualizar esta vaidosa personagem – família – em momentos históricos diferentes, para somente então identificar a carga axiológica dos ideais da Revolução Francesa na concepção do projeto parental do Código de Napoleão, que inspirou o Código Civil de 1916, e, por conseqüência, o Código Civil de 2002.

Originariamente, a palavra *família* foi utilizada para designar os serviçais mais tarde, a partir do século XV, passou a identificar todos os membros da casa, tanto servos como mulheres cativas e toda a descendência engendrada pelo chefe da família[30] – era a grande família que entrava em cena.

Antes da Revolução, a idéia que se tinha acerca desta personagem era bastante diferenciada da atual. Não havia condições para a formação do vínculo sentimental entre pais e filhos. Ariès descreve que as crianças, desde muito cedo, "escapavam de sua própria família, em função do processo de aprendizagem que se dava fora de casa"[31] – ao menos fora de sua própria casa.

A escola "ainda não ocupava papel na transmissão do conhecimento (...) A partir dos sete anos, a criança era enviada a outra casa, a fim de que aprendesse através do serviço doméstico".[32] Desde a primeira infância estavam longe dos pais, "recebendo através de um mestre a baga-

---

[28] Michelle Perrot, *História da vida privada: da Revolução Francesa à Primeira Guerra*, p. 93-94.

[29] Michelle Perot, *O nó e o ninho*, p. 75.

[30] Cristina de Oliveira Zamberlam, *Os Novos Paradigmas da Família Contemporânea – Uma perspectiva interdisciplinar*, p. 37.

[31] Philippe Ariès, *História Social da Criança e da Família*, p. 230-231.

[32] *Ibidem.*

Estudos de Direito Civil – Constitucional

gem de conhecimentos e a experiência prática, de profissão e de valor humano que o último possuía".[33]

Como conseqüência desta separação, seria difícil para a família alimentar um sentimento existencial profundo entre pais e filhos. Vínculo familiar caracterizava, muito mais, uma realidade moral e social, do que sentimental.

Um outro aspecto levantado pelo cientista social era o fato de que as crianças aprendiam através do contato do dia-a-dia, e por isso, misturavam-se aos adultos em toda parte, onde se trabalhava, jogava ou brincava, e estavam presentes até mesmo nas tabernas mal-afamadas.[34]

Inexistia, até então, a cisão entre a esfera da profissão e da vida privada.[35] Os mestres laboravam dentro de suas próprias casas; logo, as mulheres, viviam dentro da mesma esfera dos homens. Posteriormente, "os próprios revolucionários sentiram a necessidade de marcar um limite intransponível, de mostrar claramente que as mulheres estavam do lado privado e os homens do lado público".[36]

A partir do momento em que a escola passou a ser o instrumento de iniciação social e o sistema normal de aprendizagem, foram criadas as condições para a alteração no sentimento familiar através da aproximação entre família e crianças.[37] Era o prenúncio do sentimento de afeto que hodiernamente caracteriza o vínculo familiar; todavia, refletia-se em esferas diferentes das atuais, limitando-se às relações internas entre os membros da família.[38]

Como exemplo, Ariès identifica a tradicional garantia da preservação do patrimônio que dava privilégio ao

---

[33] Philippe Ariès, *História Social da Criança e da Família*, p. 230-231.

[34] *Ibidem.*

[35] *Ibidem.*

[36] Lynn Hunt, *A Revolução Francesa e a vida privada*, p. 51.

[37] Philippe Ariès, *História Social da Criança e da Família*, p. 232.

[38] Com relação ao papel do afeto nas relações familiares, vide Silvana Maria Carbonera, *O papel Jurídico do afeto nas relações de família*. (*passim*).

filho mais velho – oriunda do costume familiar localizado no final do medievo,[39] que passa a ser questionada, à medida que afrontava o novo sentimento de igualdade e direito à afeição familiar.[40]

A situação familiar tem certa semelhança com as esferas da sociedade. Enquanto no campo sociopolítico e econômico, os burgueses buscavam aniquilar os privilégios feudais,[41] na família, deveria prevalecer uma certa igualdade – ainda que formal.[42]

Na radiografia da família francesa dos séculos XIX e XX, passam longe os ideais "do mínimo de restrições individuais e o máximo de realização pessoal",[43] tão aclamados na atualidade. Em um primeiro momento, verificou-se o poder do marido sobre a pessoa da mulher, que lhe devia obediência,[44] quase numa repetição da hierarquia social vigente tida como natural. Recompondo a história, ao apresentar os atores da família triunfante da revolução francesa, Michelle Perrot destaca que "a grandeza da esposa reside na submissão ao pai e, quando viúva, ao primogênito, depositário da residência ancestral".[45]

O vínculo de casamento apresentava-se como única forma legítima de constituição da família[46] e possuía um caráter instrumental, condicionado a interesses extrínse-

---

[39] Philippe Ariès, *História Social da Criança e da Família*, p. 234.

[40] *Ibidem.*

[41] A este respeito, Gustavo Tepedino, *Temas de Direito Civil*, p. 2; José Nelson de Arruda e Nelson Piletti, *As sociedades contemporâneas*, p. 186.

[42] Não havia a preocupação com o que Perlingieri chama de "função serviente da família", que caracteriza uma família que possibilite o desenvolvimento da personalidade de cada um dos familiares. (Pietro Perlingieri, *Perfis do Direito Civil: Introdução ao Direito Civil Constitucional*, p. 245)

[43] João Baptista Villela, *Liberdade e Família*, p. 11.

[44] *Ibidem*, p. 26-27.

[45] Michelle Perrot, *História da vida privada: da Revolução Francesa à Primeira Guerra*, p. 98.

[46] João Baptista Villela, *Liberdade e Família*, p. 18: "o processo de contratualização do casamento, que não é mais que o rigoroso desdobramento da consensualidade, chegaria, já nos remotos primeiros anos do século XVIII, a um resultado que reponta hoje, aqui e ali, como a fina flor da sociedade permissiva, adubada pelas razões da contracultura: o casamento reduzido a termo".

cos, principalmente do Estado.[47] Perrot descreve os objetivos desta instituição, afirmando que o casamento não se reduz a um contrato civil, identifica-o como um ato religioso e político. E, complementa, afirmando que "a família requer costumes, e o Estado requer leis. Reforçai o poder doméstico, elemento natural do poder público, e consagrai a total dependência da mulher e dos filhos, garantia da obediência constante dos povos." (*sic*)[48]

Através desta moldura, percebe-se que o espectro da família dos séculos XIX e XX não estava voltado para a realização de cada ser dentro do próprio grupo.[49] A família preocupava-se com o ter em detrimento do ser, pois ocupava o *status* de átomo da sociedade civil, sendo responsável pelo gerenciamento dos interesses privados – notadamente os patrimoniais –, cujo bom andamento era fundamental para o desenvolvimento do Estado. Enquanto unidade econômica cabia à entidade familiar a função de elemento essencial da produção, que crescia, à medida que mais braços responsabilizavam-se pelo trabalho.[50] Logo, a fim de assegurar o funcionamento econômico e a transmissão de patrimônio, a função primordial do vínculo familiar era a procriação.

A "missão biológico-procriadora era um verdadeiro imperativo, proveniente de um duplo fato: de um lado a necessidade de muitos membros para que a família pudesse sobreviver; de outro o alto índice de mortalidade infantil".[51] A família, como rede de pessoas e conjunto de bens, era um nome, um sangue, um patrimônio material e simbólico herdado e transmitido, um fluxo de propriedades que dependia, em primeiro lugar, da lei.[52]

---

[47] João Baptista Villela, *Liberdade e Família*, p. 18.

[48] Michelle Perrot, *História da vida privada: da revolução francesa à primeira guerra*, p. 93.

[49] João Baptista *Villela, Liberdade e Família*, p. 11.

[50] *Ibidem*, p. 23.

[51] Beni dos Santos, *A concepção personalística do Matrimônio e a "Humanae Vitae"*, p. 977-978.

[52] Michelle Perrot, *História da vida privada: da Revolução Francesa à Primeira Guerra*, p. 104.

"La familia es en la verdad, aun en la época moderna, no tanto un conjunto de personas y voluntades individuales agrupadas arbitrariamente, cuanto un dato de la naturaleza misma de las cosas que se nos impone y que se manifiesta por un organismo especial de contornos precisos, animado de una vida colectiva propia, de la cual participan de modo absolutamente necesario lo mismo nuestra condición física e patrimonial que nuestra existencia moral".[53]

A família possuía um sentido transpessoal, institucionalizado, como se dotada de vida própria, existindo em função de um interesse familiar superior,[54] sobreposto às vontades individuais. A entidade familiar não cumpria qualquer papel para com o indivíduo enquanto pessoa.[55] Servia aos interesses da sociedade, e como tal, somente poderia ser estabelecida através do contrato de casamento, sendo essencialmente matrimonializada.

Tendo como função primordial a procriação, também servia aos interesses sociais, à medida que necessitava ser numerosa, a fim de facilitar o trabalho e a produção. Assim como o Estado, assentava-se na hierarquia. O homem possuía o poder sobre a mulher e os

---

[53] Bonecasse, *La philosophie du Code Napoleón appliquée au droi de famille*, p. 12s. *In* Jacques Leclercq. *La Familia – seguún el derecho natural.* Barcelona: Editorial Herder, 1979. 6ª ed. p. 33.

[54] Quanto à impossibilidade desta afirmativa na atualidade, vide Pietro Perlingieri, *Perfis do Direito Civil: Introdução ao Direito Civil Constitucional*, p. 245.

[55] O sentido que ora se dá à palavra *pessoa* vincula-se à natureza humana, ao ser humano, no dizer de Jussara Meireles "embora pareça muito simples, em um primeiro momento e mesmo ao homem comum descrever-se como pessoa, sob um ponto de vista jurídico a definição não se apresenta tão fácil. Por mais humilde e de poucas letras que seja um indivíduo, não é difícil a ele se auto-reconhecer como humano, é semelhante aos outros, e que tem vida, sentimentos, vontades, necessidades, anseios, sonhos, dignidade... Porém, diante das disposições codificadas, esse mesmo indivíduo não saberá, ao certo, se é pessoa ou não. A pessoa do Código Civil – assenta-se que a autora refere-se ao Código Civil Brasileiro – é pólo de relações jurídicas (ou é sujeito ativo ou é sujeito passivo, forçosamente); é o centro de interesses que relacionam e, portanto, carrega em si um patrimônio." (*O ser e o ter na codificação civil brasileira*, p. 88).

Estudos de Direito Civil – Constitucional

filhos. Além disso, o vínculo não poderia ser desconstituído, pois em primeiro lugar estava a necessidade de preservação do patrimônio. Somente mais tarde, após a secularização do casamento, pela Constituição Francesa de 1791, é que o divórcio passou a integrar a legislação referida.[56]

"Seguindo essa ordem de idéias, as relações jurídicas disciplinadas pelas normas contidas na codificação civil estabelecem-se não propriamente entre seres humanos, posto que seus interesses pessoais são suplantados pelos patrimônios, cuja valoração, é marcadamente superior. Na concepção clássica do Direito Privado, a pessoa humana é valorizada pelo que tem e não por sua dignidade como tal".[57] Na família, restava ao indivíduo suplantar seus interesses individuais em prol do interesse familiar, a fim de cumprir com louvor a tarefa de átomo da sociedade civil atribuída pelo Estado.

Examinando-se os pilares do Direito Civil, é possível verificar as opções axiológicas da época, ou seja, o cunho estritamente patrimonial[58] que regulava toda a esfera jurídica, principalmente do Direito Civil, inclusive a mais pessoal delas que é o projeto parental.

---

[56] Lynn Hunt, *A Revolução Francesa e a vida privada*, p. 37.

[57] Jussara Meirelles, *O ser e o ter na codificação civil brasileira*, p. 95.

[58] Neste sentido, Perlingieri, ao examinar questões referentes ao Código Italiano de 1865, assinala a grande influência que o Código Francês de 1804: "Modelado no Código Civil francês de 1804, o Código de 1865 caracteriza-se especialmente, por colocar no centro do ordenamento a propriedade privada, sobretudo a propriedade imobiliária da terra: na manutenção e no incremento desta, é predominantemente inspirada a disciplina da família e das sucessões *mortis causa*; e os contratos são disciplinados como modo de aquisição da propriedade privada. A categoria do ser e subordinada àquela do ter: quem possui 'é'". (Pietro Perlingieri, *Perfis do Direito Civil: Introdução ao Direito Civil Constitucional*, p. 4)

# 3. Casamento e sistema fechado, uma opção axiológica

Toda eleição normativa pressupõe uma opção valorativa anterior.[59] O Código Civil brasileiro de 1916, bem como o *Code* Francês, elegeu o contrato de casamento[60] como única forma legítima de constituição da família,[61] apoiado na idéia de que sobre o casamento repousa toda a sociedade.

Tais normas estavam em congruência com os ideais burgueses da Revolução Francesa, que conferiram nova importância à família, como átomo da sociedade civil,[62] mas na realidade refletiam "um sistema pretensamente neutro, calcado nas abstratas categorias jurídicas, desti-

---

[59] Alexandre Pasqualini, *Sobre a Interpretação Sistemática do Direito*, p. 97.

[60] No Brasil, à época de elaboração do Código, discutia-se acerca da legitimidade para celebração do casamento. Havia embate entre Igreja e Estado, a fim de estabelecer a legitimidade para a formação da família. Neste sentido, o comentário do desembargador A. Ferreira Coelho, ao artigo 192 do Código Civil Brasileiro: "A luta presente entre a igreja e o estado, entre as influências sacerdotais e os poderes laicos, lançou um grande reverbero na contemporânea luta entre matrimónio civil e religioso. A controvérsia, todos o vêem, pertence mais ao direito público que ao privado. Mas os princípios gerais jurídicos sam evidentes. A importância da família, a lejitimidade dos filhos, os deveres conjugais sam coisas em que o estado deve intervir e sua primeira intervenção opera-se na celebração do matrimónio, que é o fundamento da família. Os juristas conceben-no hoje como *contrato* e de feito ele é um vínculo entre duas vontades livremente realisado; mas é um contrato tam grave pelos seus efeitos que o estado lhe impõe uma determinada forma solene" (*sic*). (*Código Civil dos Estados Unidos do Brasil – Comparado, commentado e analysado*. Rio de Janeiro: Officinas Graphicas "Alba". 1928. p. 43)

[61] Enfocando o Brasil, Heloisa Helena Barboza, *O direito de família brasileiro no final do século XX*, p. 87.

[62] A família vista como um átomo da sociedade civil., Michelle Perrot, *História da vida privada: da Revolução Francesa à Primeira Guerra*, p. 93.

Estudos de Direito Civil – Constitucional

nado a um ser impessoal, praticamente inatingível e com pretensões à perenidade".[63]

Em princípio, às vistas da vinculação essencial entre a realidade fática e o ordenamento jurídico, poder-se-ia atribuir a opção legislativa em foco ao contexto sociológico vigente. Todavia, é preciso ousar um vôo mais alto, analisando o sistema social, de modo a exercitar a ciência jurídica.

A norma sobre a qual se lança o olhar importa não apenas por refletir o contexto sociopolítico e ideológico do período em questão, mas também por expressar de forma clara a sua vinculação à visão de sistema jurídico existente à época, bem como aos valores de igualdade formal e de completude do sistema até então defendidos.

Em outras palavras, é preciso enxergar que o direito das codificações, ao fechar os olhos para os fatos sociais, optando por um sistema excludente, onde o que não está previsto de forma clara está do lado de fora, reflete as opções valorativas da época, nas palavras de Gustavo Tepedino, um "modelo de sistema fechado, auto-suficiente",[64] afastando a "suposta realidade jurídica da realidade social".[65]

Na tentativa de compreender o vínculo existente entre a idéia de sistema jurídico fechado e auto-suficiente e a eleição do casamento como fonte única da formação familiar, perpassa-se pela idéia de sistema jurídico vigente no período das codificações e da função que a família burguesa deveria realizar em prol do Estado.

Segundo Francisco Amaral, a primeira idéia de sistema jurídico – oriunda dos jusracionalistas[66] – esteve

---

[63] Luiz Edson Fachin, *Limites e possibilidades da nova teoria geral do Direito Civil*, p. 100.

[64] *O Código Civil, os chamados microssistemas e a Constituição: premissas para uma reforma legislativa*, p. 2.

[65] Luiz Edson Fachin, *Limites e possibilidades da nova teoria geral do Direito Civil*, p. 99.

[66] *Racionalidade e sistema no Direito Civil brasileiro*, p. 66: "A doutrina que confere à razão o predomínio na gênese do conhecimento humano é, portanto, o racionalismo, cultivado especialmente por LOCKE, DESCARTES, SPINOZA e pela filosofia do *Iluminismo*, movimento culminante da revolução

apoiada no racionalismo científico. Tinha na razão a fonte principal do conhecimento humano, tomando por base o modelo matemático, em que predominavam idéias conceituais e dedutivas, em franca contraposição às idéias empiristas, para quem a experiência seria a única fonte de conhecimento.[67] Afastado da experiência, o sistema jurídico existia como fruto da razão e abstração, onde as normas seriam valorizadas muito mais por seu aspecto formal.

Em trilhos semelhantes rumam os pensadores da Escola da Exegese, que além de apresentar contraposição às idéias empiristas, embasava-se no princípio da completude, segundo o qual o direito codificado esgotava o fenômeno jurídico, pois pretendia prever todas as condutas da sociedade que tivessem interesse para o direito.[68]

"Insculpiu-se na cultura jurídica, a convicção de que sem a regulamentação específica de cada situação objetiva, com a definição exata dos poderes do titular, não há bom direito".[69] Idéia completamente oposta à noção de abertura no sistema jurídico, pois "a miragem da codificação é a completude: uma regra para cada caso. O Código é para o juiz um prontuário que lhe deve servir infalivelmente e do qual não pode se afastar".[70] Ao aplicador do Direito é reservado o papel de aplicar, estritamente, as normas preestabelecidas.

Ao adotar como princípio único o da racionalidade e abstração, descartando a experiência do campo jurídi-

---

cultural e intelectual que marcou o pensamento europeu dos séculos XVII e XVIII. No campo do direito, como já assinalado, foi cultivada pelos juristas do direito natural, uma das componentes fundamentais da história do direito privado e antecedente necessário das modernas teorias jurídicas, sob o nome de *jusracionalismo*".

[67] Francisco Amaral, *Racionalidade e sistema no Direito Civil brasileiro*, p. 63-81.

[68] Norberto Bobbio, *Teoria geral do ordenamento*, p. 72-73 e Gustavo Tepedino, *O Código Civil, os chamados microssistemas e a Constituição: premissas para uma reforma legislativa*, p. 2.

[69] Gustavo Tepedino, *O Código Civil, os chamados microssistemas e a Constituição: premissas para uma reforma legislativa*, p. 2.

[70] Norberto Bobbio, *Teoria do Ordenamento Jurídico*, p. 121.

Estudos de Direito Civil – Constitucional
Volume 2

co, limita-se a discussão jurídica ao aspecto formal, pois resta excluído do questionamento o conteúdo normativo, bem como qualquer adequação valorativa das normas do sistema.[71]

Neste contexto de sistema jurídico fechado, a família toma parte como mais um aspecto a ser tutelado de maneira abstrata pelo Estado. Também neste tópico haveria necessidade de uma regra específica para cada caso.

À época, tanto o Código Francês, quanto o Código Civil Brasileiro de 1916 elegeram como a regra específica para a situação objetiva da constituição da família uma única possibilidade: o casamento. Neste sentido, somente seria considerada família aquela entidade que se encaixasse perfeitamente na forma preestabelecida pelo sistema jurídico, através de suas normas. A família legalmente reconhecida seria, única e exclusivamente, aquela constituída mediante o matrimônio.[72]

O próprio Direito ergueu as paredes de sua completude. Não restavam alternativas, ou havia subsunção perfeita entre o fato social e a hipótese abstrata prevista pelo legislador, ou fato em questão não merecia tutela jurídica. Isto é identificado com precisão através da metáfora de Luiz Edson Fachin, ao referir que "o sistema artimanhado, de tal sorte competente, atribuiu a si próprio o poder de dizer o direito, e assim o fazendo delimitou com uma tênue, mas eficaz lâmina o direito do não-direito; por essa via, fica de fora do sistema o que não interessa".[73]

Esta é a vaidade e o ponto fraco da idéia de completude, à medida que resta impossível para qual-

---

[71] Há de fato, uma tendenciosa noção de neutralidade que extingue do campo jurídico qualquer atributo valorativo. Não há sequer importância o papel desenvolvido pelo intérprete, à medida que a receita está acabada. Basta saber aplicar. Neste sentido, Luiz Edson Fachin, *Limites e possibilidades da nova teoria geral do Direito Civil*, p. 102.

[72] Heloisa Helena Barboza, *O Direito de Família Brasileiro no final do século XX*, p. 87-88.

[73] Luiz Edson Fachin, *Limites e possibilidades da nova teoria geral do Direito Civil*, p. 101.

quer mente humana a previsão normativa das infinitas situações emergentes da realidade.[74] No campo do Direito de Família, verifica-se que qualquer outra forma familiar, no entendimento que hodiernamente se propõe,[75] estava fora das linhas herméticas da ciência jurídica, em que pese o reconhecimento dos próprios juristas acerca da existência de outras espécies de familiares. Estas últimas, no entanto, encontravam-se à margem do sistema, pois desprovidas de juridicidade, devendo ser estudadas por sociólogos e filósofos, e não por juristas, conforme se depreende das palavras de Pontes de Miranda:

> "O casamento, regulamentação social do instinto de reprodução, varia, como todas as instituições sociais, com os povos e com os tempos. Mas é preciso distinguirem-se a união legal (casamento no sentido jurídico) e a forma atual, sociológica, da regulamentação do instinto de perpetuação da espécie, da férrea necessitas. Socialmente, a união tolerada não é apenas a união legalizada. As estatísticas são eloqüentes quanto a esse ponto. O casamento não partiu de forma única; nem tende, tão pouco, a isso. A família pode originar-se de quaisquer uniões sexuais, mas nem sempre as pessoas oriundas de relações não legais constituirão família, na acepção jurídica, isto é, grupo de parentes entre os quais existam relações de direito. Juridicamente, isto é, sob o ponto de vista legal, técnico, o casamento é a proteção, pelo direito das uniões efetuadas conforme certas normas e formalidades fixadas nos Códigos Civis. Nesse sentido – como a fonte mais

---

[74] Gustavo Tepedino, *O Código Civil, os chamados microssistemas e a Constituição: premissas para uma reforma legislativa*, p. 4.

[75] Luiz Edson Fachin explicita a transição da visão familiar do Direito Civil Brasileiro: "A família do Código por isso mesmo se define: matrimonializada, hierarquizada, patriarcal e de feição transpessoal. Um tempo, outra história e contexto político-econômico. Na constituição, outra família é apreendida: pluralidade familiar (não apenas a matrimonialização define a família), igualdade substancial (e não apenas formal), direção diárquica e do tipo eudemonista". (*Elementos Críticos do Direito de Família*, p. 51).

importante da família legal – é que o matrimônio deve ser tratado pelos juristas técnicos; e cabe aos sociólogos o estudo das uniões atuais e suas várias formas, como ao jurista-filósofo a comparação do fato natural ou social com o fato jurídico do casamento" (sic).[76]

A família enquanto realidade social não era tutelada pelo Direito. A situação era inversa: para ser família legalmente estabelecida, havia necessidade de cumprir certas formalidades descritas na norma. O fato de que apenas o vínculo revestido de certas formalidades encontrasse abrigo no âmbito jurídico era tido como uma lógica natural, quase inquestionável.[77]

Tal posicionamento traduz com clareza a relação existente entre a idéia de um sistema jurídico fechado e a concepção de que apenas a família matrimonializada está incluída no Direito. Ou seja, a única família que possuiu o *status* de família jurisdicizada foi a fundamentada no matrimônio, logo, todas as demais estão excluídas de qualquer reconhecimento jurídico. Soma-se a isto o fato de ser o Direito, na perspectiva codificante, um sistema fechado, não havendo qualquer problema na exclusão de certo fenômeno social.

Há coerência com a lógica das codificações a existência de uma situação social ser reconhecida como merecedora da tutela jurídica e outra não, bem como a idéia de que, se o sistema não contemplou a hipótese é porque esta não era juridicamente relevante.

Como um ciclo interminável, ao compreender o Direito como um sistema fechado, haverá uma parcela da população excluída da tutela, pois em muitos casos esbarrar-se-á no ideal da completude e auto-suficiência. Reconhecer o Direito como sistema completo, capaz de prever a totalidade de condutas que lhe interessam, implica a constatação de que se a hipótese "x" não está

---

[76] Pontes de Miranda, *Tratado de Direito Privado*, p. 199.

[77] Gustavo Tepedino, *O Código Civil, os chamados microssistemas e a Constituição: premissas para uma reforma legislativa*, p. 2.

prevista, deve-se ao fato de que o Direito não tem interesse sobre ela.

Todavia, há um grave equívoco na lógica do sistema jurídico fechado: a existência de lacunas e de desenvolvimento social. Resta inquestionável a impossibilidade da razão humana em prever a totalidade de condutas sociais de passível realização. Assim certamente haverá falta de regulamentação onde deveria haver tutela jurídica. Logo, a exemplo do que ocorreu com as primeiras codificações, "falar em completude de um Direito, que ignorava o surgimento da grande indústria e todos os problemas da organização do trabalho a ela ligados, significava fechar os olhos frente à realidade por amor a uma fórmula e deixar-se embalar na inércia mental e no preconceito".[78]

Conclui-se que "o sistema não é dotado de estreitos e definitivos contornos, também porque o dogma da completude não resiste sequer à constatação de que as contradições e as lacunas acompanham as normas, à feição de sombras irremovíveis".[79]

Importa questionar os motivos que levaram à escolha desta ou daquela norma para compor o direito codificado em matéria de família. A eleição do casamento como o único meio de constituição familiar não se traduz apenas na simples opção neutra do legislador. As opções legislativas não se dão ao acaso, são influenciadas pelos valores de quem as escolhe.

Segundo Pasqualini, "as normas são sempre expressão de uma preliminar escolha axiológica, fundada na qual se erige a preeminência de um valor em relação a outro".[80] Até mesmo para a eleição da norma – o casamento é o único meio para constituir família – está presente uma premissa valorativa. Assim, "qualquer norma singular só se esclarece plenamente na totalidade

---

[78] Norberto Bobbio, *Teoria do Ordenamento Jurídico*, p. 124.

[79] Juarez Freitas, *A Interpretação sistemática do Direito*, p. 34.

[80] Alexandre Pasqualini, *Sobre a Interpretação Sistemática do Direito*, p. 97.

Estudos de Direito Civil – Constitucional

das normas, dos valores, e dos princípios jurídicos"[81] de todo o sistema em que está inserida.

Questiona-se qual a opção valorativa do legislador que vê o Direito como sistema fechado e no casamento a única forma legal de constituição da família. Para tanto, importa analisar a família enquanto fato social. Michelle Perrot identifica com clareza as atribuições da família codificada em prol da sociedade:

> "Nuclear, heterossexual, monógama, patriarcal, a família que herdamos do século XIX era investida em um grande número de missões. Na junção do público e do privado, esferas grosseiramente equivalentes aos papéis dos sexos, ela deveria assegurar a gestação da sociedade civil e dos 'interesses particulares', cujo bom andamento era essencial à estabilidade do Estado e ao progresso da humanidade. Naqueles tempos, de capitalismo em larga medida familiar, ela assegurava o funcionamento econômico, a formação de mão-de-obra, a transmissão de patrimônios. Célula de reprodução, fornecia as crianças que, por intermédio das mães-professoras, recebiam uma primeira socialização através da exploração rural ou do atelier artesanal, os primeiros aprendizados. A família, enfim, formava bons cidadãos e, numa época de expansão de nacionalismos, patriotas conscientes dos valores de suas tradições ancestrais".[82]

A família codificada existia para cumprir certas atribuições para com o Estado e a sociedade. Estava incluída no ordenamento jurídico como representativa da "tríade formada pelo liberalismo, individualismo e pelo patrimonialismo",[83] devendo espelhar tais valores.

Ao radiografar as vicissitudes da família consagrada pelo *Code*, mergulhando na esfera privada da família

---

[81] Juarez Freitas, *A interpretação sistemática do direito*, p. 20.

[82] Michelle Perrot, *O nó e o ninho*, p. 77.

[83] Luiz Edson Fachin, *Elementos Críticos do Direito de Família*, p. 10.

francesa do século XIX, Michelle Perrot a identifica como uma garantia de moralidade natural, fundamentada sobre o casamento monogâmico, estabelecido por acordo mútuo.[84] E vai além, apresenta motivo social para o incentivo do casamento, afirmando que a entidade familiar constituía-se em um meio de regular uma série de condutas, como a transmissão e gerência do patrimônio,[85] a predominância do pai no sistema patrilinear de transmissão de bens[86] e até mesmo a proliferação das doenças comuns em bordéis.[87]

Segundo Juarez Freitas, "a validade formal de um sistema jurídico dado, ou a sua conformidade com as regras de reconhecimento, funda-se em última instância sobre valores sendo inegável a concorrência múltiplos princípios ou fatores em todas as construções jurisprudenciais".[88] O ordenamento em questão – sistema jurídico fechado – estava apoiado em valores como o individualismo, o patrimonialismo e o liberalismo, e as normas componentes deste sistema somente seriam válidas se congruentes com as opções axiológicas anteriormente realizadas.

A noção de Direito perpassada pelo dogma da completude, bem como a eleição do casamento como única forma de constituição da família, demonstram coerência axiológica com um sistema jurídico fundamentado nos valores burgueses da Revolução Francesa, uma vez que o *telos* era a defesa do patrimônio e do individualismo.

Hodiernamente, não há espaço para tal concepção de Direito, tampouco para a visão de família que se formulou no período oitocentista, pois os valores que fornecem o sustentáculo para o sistema jurídico estão

---

[84] Michelle Perrot, *História da vida privada: da Revolução Francesa à Primeira Guerra*, p. 94.

[85] *Ibidem*, ob. cit., p. 105.

[86] *Ibidem*.

[87] *Ibidem*, p. 115.

[88] Juarez Freitas, *A interpretação sistemática do direito*, p. 20.

Estudos de Direito Civil – Constitucional
Volume 2

voltados à proteção do homem enquanto ser e de sua dignidade.[89]

Para uma resposta mais adequada às necessidades sociais, impõe-se uma releitura do próprio sistema jurídico brasileiro, inclusive do Direito Civil, mediante a análise dos valores eleitos por ele como essenciais. É preciso compreender o Direito como "uma rede axiológica e hierarquizada de princípios gerais e tópicos, de normas e de valores jurídicos cuja função é a de, evitando ou superando antinomias, dar cumprimento aos princípios e objetivos fundamentais do Estado Democrático de Direito, assim como se encontram consubstanciados, expressa ou implicitamente, na Lei Maior".[90]

Ao contrário do ideal da completude, visualiza-se um sistema aberto "necessariamente sensível a qualquer modificação da realidade, entendida na sua mais ampla acepção, tendo como o ponto de referência o homem na sua evolução psicofísica, existencial".[91] Não lhe cabe mais a idéia de sistema pretensamente neutro e fechado, apoiado em valores patrimoniais, como se verificou no apogeu das codificações.

> "O problema do civilista hoje, mais que a existência de codificações, é o pensamento codificado e formular. Em sua superação está a luz da cidadania e do resgate da dignidade da pessoa, na condição de valor supra-individual ainda capaz de provocar revoluções, na busca de um sentido para o homem em um mundo que ocupa e convive com seus semelhantes e não semelhantes, e cuja lei não pode moldar, mas o pensamento jurídico pode preservar.

---

[89] "A categoria do ser é subordinada àquela do ter: que possui 'é'". Pietro Perlingieri, *Perfis do Direito Civil: introdução ao Direito Civil Constitucional*, p. 4.

[90] *Ibidem*, p. 50.

[91] A idéia de propriedade como expressão da personalidade deve ser abandonada, pois se sob a influência das idéias liberais "a categoria do ser é subordinada àquela do ter: que possui 'é'", consoante explicitado por Pietro Perlingieri, *Perfis do Direito Civil: introdução ao Direito Civil Constitucional*, p. 4, em um sistema apoiado em valores como o da igualdade e solidariedade, o ter passa a estar subordinado à categoria do ser. Mais importa para o sistema a preservação do homem em si do que de seu patrimônio.

A resistência liberal à reflexão traduz o absolutismo que um dia o liberalismo combateu, na negativa de espaço no mundo jurídico que idealizou para si, àqueles que socialmente vivem a margem, em um gueto jurídico, sem convite para adentrar ao convívio das instituições do nobre e inascessível Direito Civil".[92]

Houve deslocamento do foco, elegendo o homem, no sentido existencial como centro do ordenamento.[93] Não há espaço para um sistema excludente, limitado. Tampouco para normas novas traduzindo arcaicos valores.[94] "A abertura pressupõe a preexistência latente de soluções admissíveis para as inevitáveis lacunas e anti-

---

[92] Ricardo Aronne, *Por uma nova hermenêutica dos direitos reais limitados*, p. 96.

[93] Neste sentido, a decisão do AGI n° 70000800003, julgado na Sétima Câmara Cível do Tribunal de Justiça do Rio Grande do Sul, cujo relator foi o Des. Sergio Fernando de Vasconcellos Chaves, julgado em 26/04/2000: "Ementa: Tutela. Pedido da avó materna. Guarda. Preferência. As questões de cunho estritamente formal devem ceder diante do imperativo da vida, dos fatos, circunstâncias e documentos do processo. Inaceitável que processo tão simples tenha tramitação tão lenta. A criança mora com a avó materna desde os onze meses, quando ficou órfã de pai e mãe, qualificados como borracheiro e do lar, os quais não deixaram bens. A avó paterna nunca viu a criança, que já conta seis anos de idade. A avó materna tem a preferência legal para o *munus*, desaparecendo a preferência da linha paterna sobre a materna, diante da igualdade dos gêneros preconizada pela Carta Magna, sendo a única parente consangüínea da infante e única pessoa a devotar-lhe cuidados e afeto. Inadmissível sobrepor o remoto interesse econômico que a avó paterna pudesse vir a ter, sobre o interesse pessoal da infante em ver-se tutelada nos seus direitos e interesses. Dispensável a exigência de especialização de hipoteca legal consoante dispõe o art. 37, parágrafo único da lei n. 8.069/90. Recurso provido. (7 fls)".

[94] Em parecer acerca do Projeto do Novo Código Civil, atual Código Civil Brasileiro, Luiz Edson Fachin e Carlos Eduardo Pianovski Ruzyk destacam a repetição do forte conteúdo patrimonialista herdado de valores oitocentistas, com racionalidade diversa à trazida pela Constituição Federal: "O projeto de Código Civil, almejando manter a estrutura do Código vigente, foi elaborado anteriormente à Constituição de 1988, datando do começo da década de 70. Sua elaboração se deu apartir de uma racionalidade herdada do Código de Napoleão e da Escola Pandectista, e, portanto, do século XIX, em que prevalecia a preocupação patrimonialista e conceitualista, expressa na existência de uma Parte Geral." (Um projeto de Código Civil na contramão da Constituição. *Revista Trimestral de Direito Civil*. Rio de Janeiro: Padma, RTDC, vol 4, out-dez, 2000.p. 246).

nomias",[95] em um viés de repersonalização, buscando colocar o indivíduo como ser coletivo, no centro de seus interesses.[96]

---

[95] Juarez Freitas, *A interpretação sistemática do direito*, p. 42.

[96] Luiz Edson Fachin, *Limites e possibilidades da nova teoria geral do Direito Civil*, p. 103.

# 4. A revolta dos fatos contra o Código

No estudo jurídico, é imprescindível a análise da sociedade em que se encontra a família, sua historicidade, "de maneira a permitir a individualização do papel e do significado da juridicidade na unidade e na complexidade do fenômeno social. O Direito é ciência social que precisa cada vez maiores aberturas".[97]

Originariamente, o direito privado brasileiro esteve distante da realidade concreta, pois as relações lá consignadas reduziam a ordem jurídica a um "verdadeiro estatuto patrimonial".[98] A caracterização da pessoa esteve estritamente vinculada à de "sujeito que contrata, que constitui formalmente uma família, que tem um patrimônio e que se apresenta enfim, como sujeito dos direitos estabelecidos pelo sistema".[99]

Desde a implantação, o Código Civil de 1916 não atendia às necessidades sociais[100] [101] e estaria mais

---

[97] Pietro Perlingieri, *Perfis do Direito Civil: introdução ao Direito Civil Constitucional*, p. 1.

[98] Jussara Meirelles, *O ser e o ter na codificação civil brasileira: do sujeito virtual à clausura patrimonial*, p. 98.

[99] *Ibidem.*

[100] Tem pertinência as observações de Orlando Gomes acerca da elaboração do Código: "O Código Civil é obra de homens da classe média, que o elaboraram nesse estado de espírito, isto é, na preocupação de dar ao país um sistema de normas de direito privado que correspondesse às aspirações de uma sociedade interessada em afirmar a excelência do regime capitalista de produção. Mas este propósito encontrava obstáculos na estrutura agrária do país e não recebia estímulos de uma organização industrial a que se somasse o ímpeto libertário da burguesia mercantil". (*Raízes históricas e sociológicas do Código Civil brasileiro*, p. 47-48)

[101] Da mesma forma ocorre com o Código Civil de 2002, que silencia acerca de situações fáticas merecedoras de tutela jurídica. A exemplo disto, encontra-se a união entre indivíduos do mesmo sexo.

Estudos de Direito Civil – Constitucional
Volume 2

distante ainda da realidade quando das imensas transformações econômicas provindas do desenvolvimento industrial. Tais mudanças acarretariam uma "intensificação do processo legislativo",[102] trazendo, por conseqüência, a elaboração de estatutos especiais, com a subtração de matérias inteiras da esfera codificada.[103]

Ocupam local de destaque as palavras de Ricardo Aronne ao traçar um paralelo entre a evolução industrial, o surgimento da modernidade e a formação das cidades, apontando para a necessidade de uma maior ingerência estatal a fim de preservar os direitos individuais:

> "Com a chamada revolução industrial, o homem passa a se desenraizar de sua terra e a enfrentar a agitação das cidades afetadas pelo progresso tecnológico, onde lhe é assegurada a participação em outros espaços do espectro social, que vão desde as fábricas aos partidos políticos. Nesse novo ritmo de vida, o homem começa a visualizar o horizonte de bem-estar material desenhado pela sociedade moderna. É nessa quadra que nascem os denominados direitos sociais, culturais e econômicos, bem como os chamados direitos coletivos, introduzidos nas distintas formas de Estado Social.
>
> Esses direitos, ao contrário dos direitos da liberdade, que se contrapõem ao superpoder do Estado, requerem para sua efetivação uma maior amplitude do poder estatal. Os direitos individuais passam a ser encarados não mais como valores absolutos, no momento em que lhes reconhece, de forma geral, uma função social".[104]

Altamente influenciado pelas idéias da burguesia francesa, consagradas no Código de Napoleão, o Código Civil de 1916, legitimou-se "o direito do homem sozi-

---

[102] Gustavo Tepedino, *O Código Civil, os chamados microssistemas e a Constituição: premissas para uma reforma legislativa*, p. 4.

[103] *Ibidem*.

[104] *Por uma nova hermenêutica dos direitos reais limitados*, p. 113.

nho, centrado numa hipotética auto-regulamentação de seus interesses privados, e conduzido pela insustentável igualdade formal".[105] Tal noção excludente forneceu o sustentáculo para a idéia oitocentista de completude, tanto do próprio Código, quanto do sistema jurídico.[106]

À época da elaboração do Código do início do século, a população nacional era composta por nove milhões, novecentos e trinta mil, quatrocentos e setenta e oito habitantes[107] e, destes, apenas trezentas ou quatrocentas mil pessoas eram fazendeiros, ou senhores de engenho[108] – detentores do poder econômico e social – para quem o Código foi produzido. Quanto aos demais, um milhão e meio de escravos, um milhão de índios e cinco milhões de agregados das fazendas e dos engenhos, restavam excluídos do sistema jurídico.[109]

> "Essa exclusão se opera em relação a pessoas ou situações às quais a entrada na moldura das titularidades de direitos e deveres é negada. O que se nega não se denega apenas na linguagem discriminatória. Diversos sujeitos são propositadamente colocados à margem do sistema jurídico, inseridos no elenco daqueles que não portam convites de ingresso das titularidades de direitos e obrigações".[110]

---

[105] Luiz Edson Fachin, *Limites e possibilidades da nova teoria geral do Direito Civil*, p. 100.

[106] Gustavo Tepedino, *O Código Civil, os chamados microssistemas e a Constituição:* premissas para uma reforma legislativa, p. 1-2."Com o apogeu das codificações, no século XIX, sabe-se quão diminuto foi o papel das Declarações de Direitos Políticos e dos textos constitucionais nas relações de direito privado. Por um lado, pode-se dizer que a Completude do Código Civil, que caracteriza o processo legislativo com pretensão exclusivista, descarta a utilização de fontes de integração heteronômicas, forjando-se um modelo de sistema fechado, auto-suficiente, para o qual as Constituições, ao menos diretamente não lhe diziam respeito".

[107] Conforme censo oficial. Orlando Gomes, *Raízes históricas e sociológicas do Código Civil brasileiro*, p. 39.

[108] *Ibidem.*

[109] Ricardo Aronne, *Por uma nova hermenêutica dos direitos reais limitados*, p. 90.

[110] Luiz Edson Fachin, *Estado, posse e propriedade: do espaço privado à função social*. Texto não publicado. Curitiba, 1996.

Estudos de Direito Civil – Constitucional
Volume 2

A opção por um sistema fechado e auto-suficiente traz consigo a separação entre a realidade abstrata prevista normativamente e a realidade social[111] formatada nos fatos, acabando por criar normas que instituem verdades jurídicas,[112] completamente afastadas das verdades reais.

A noção de pessoa apontada pelo Direito Civil clássico[113] resta comprometida com os interesses burgueses. Ontologicamente, pessoa significa "criatura humana; homem; mulher; indivíduo".[114] Para a legislação brasileira expressa nas codificações, ser pessoa não é ser homem no sentido essencial, mas sua virtualização.

Tal concepção de indivíduo afastada do conteúdo ontológico origina-se no Código Civil de 1916 e vai além. Adentra nas disposições do Código Civil de 2002, através da repetição da racionailidade herdada das grandes codificações. Fachin e Ruzyk identificam que "a racionalidade que permeia todo o projeto está ligada à proteção à apropriação e da circulação de bens, abstraindo-se os seres humanos concretos que estão encolvidos nas relações jurídicas ali previstas."[115]

Nas entrelinhas de um Novo Código Civil aclamado por seus defensores como uma norma inovadora e capaz de atender à demanda social,[116] está vetusta,

---

[111] Como exemplo está a adoção em que, embora faticamente constituam-se as relações afetivo-familiares, para o Direito, o vínculo de parentesco se dá apenas entre adotante, adotado e os descendentes deste. Ascendentes do adotante, outros descendentes do adotante e colaterais não estão contemplados pela nova legislação. Logo, diante da previsão legislativa, a adoção não traria avós, irmãos (quando o adotante tivesse outros filhos), ou mesmo tios. Há dicotomia entre realidade fática e legislação.

[112] Com relação à instituição de verdades jurídicas, identifica-se em matéria de família a presunção *pater ist est*, diante da qual presume-se pai o marido da mãe, quando unido a ela pelo vínculo do matrimônio.

[113] Tal expressão refere-se ao Direito Civil calcado na racionalidade oitocentista, oriunda, principalmente, do Código de Napoleão.

[114] Celso Pedro Luft, Francisco Fernandes; F. Marques Guimarães, *Dicionário brasileiro Globo*. 27ª ed., São Paulo: Globo, 1993.

[115] *Um projeto de Código Civil na contramão da Constituição*. p. 247.

[116] Miguel Reale, *O Novo Código Civil e seus críticos*. Disponível em www1.jus.com.br/doutrina/texto.asp?id=2711, acesso em 15.01.2003.

porém um pouco melhor maquiada, idéia de defesa do patrimônio em primeiro lugar.

"Mesmo a estrutura do projeto, tomada em si mesma, demonstra a preocupação primordial com o patrimônio: o primeiro livro da parte especial diz respeito ao direito das obrigações, que trata, essencialmente, da circulação de bens. Em seguida, no livro segundo, vem o direito da empresa, buscando-se a preconizada unificação do Direito Privado. O terceiro livro, a seu turno, dispõe sobre os direitos reais. Apenas o quarto livro, relegado quase ao final do Código, trata, em parte, de relações que podem não possuir conteúdo patrimonial, quais sejam, as de Direito de Família. Ainda assim, grande parte dos artigos desse livro trata de relações de ordem eminentemente patrimonial".[117]

Em vez da busca pela repersonalização do Direito, a nova codificação repete o perfil patrimonialista, restando ao operador do Direito o dever de ler o Novo Código Civil à luz da Constituição Federal, abandonando a idéia oitocentista de que o Código é a constituição do Direito Privado.[118]

"A aferição da constitucionalidade de um diploma legal, diante da repersonalização imposta a partir de 1988, deve levar em consideração a prevalência da proteção da dignidade humana em relação às relações jurídicas patrimoniais. Isso implica dizer que será inconstitucional um diploma legal – cabe frisar, positivado ou proposto – que privilegie uma visão patrimonialista em detrimento de uma con-

---

[117] Luiz Edson Fachin e Carlos Eduardo Pianovski Ruzyk, *Um projeto de Código Civil na contramão da Constituição*, p. 247.

[118] Embora não se concorde com a idéia de que o Código Civil é o grande eixo do Direito Privado, uma vez que se entende que os valores constitucionais são o fio condutor de todo o ordenamento, importa destacar a posição de alguns doutrinadores que defendem tal posição, como é o caso de Judith Martin-Costa, na obra *A Reconstrução do Direito Privado*, São Paulo, Revista dos Tribunais, 2002.

cepção vinculada à proteção do ser humano em concreto. O projeto do Código Civil, almejando manter a estrutura do Código vigente, foi elaborado anteriormente à Constituição de 1988, datando do começo da década de 70. Sua elaboração se deu a partir de uma racionalidade herdada do Código de Napoleão e da Escola Pandectista, e, portanto, do século XIX, em que prevalecia a preocupação patrimonialista e conceitualista, expressa na existência de uma Parte Geral. O conceitualismo é, vale dizer, outro elemento através do qual se coloca a pessoa humana em segundo plano".[119]

No Código Civil de 1916, os indivíduos foram identificados através do vínculo patrimonial existente. O chefe da família foi caracterizado como o indivíduo que possui uma família constituída pelo casamento, que administra os bens da mulher e dos filhos, que dá à família um nome. O proprietário foi reconhecido como aquele que detém o poder absoluto sobre os bens, podendo usar, gozar e dispor dos mesmos sem qualquer restrição ou obrigação dela decorrente.[120]

> "Pessoa nessa ordem de idéias, é aquele que compra, que vende, que testa; enfim aquele que reúne condições de desenvolver atividades adequadas ao sentido marcadamente proprietarista do Código Civil Brasileiro. Ser pessoa é adequar-se, perfeitamente, aos parâmetros estabelecidos pelo ordenamento; é traduzir, de modo concreto, a imagem conceitual ditada pelas normas. Não é difícil con-

---

[119] *Ibidem*, p. 246.

[120] Cumpre lembrar que esta noção de propriedade não mais pode ser admitida, uma vez que a função social foi associada ao seu exercício pela norma constitucional. Ademais, tem importância a distinção entre a propriedade e o domínio. Ricardo Aronne, *Por uma nova hermenêutica dos direitos reais limitados*, p. 137: "As titularidades instrumentalizam os vínculos reais (dominiais), sem com eles se confundirem, guardando o caráter prestacional ao vincular sujeitos e viabilizar o exercício dos direitos reais do titular. Obriga este último, ainda em relação às necessidades da comunidade em que se insere, de modo a que os interesses não titulares informem a titularidade por via do princípio da função social".

cluir, portanto, que a pessoa que o Código Civil descreve não corresponde àquela que vive, sente e transita pelos nossos dias".[121]

Não se tratou do homem em si, mas do ente capaz de encarar os personagens descritos na codificação. Pontes de Miranda sustenta que "o primeiro direito de personalidade é o que adquirir direitos, pretensões, ações, exceções, e de assumir deveres, obrigações, ou situações passivas em ação ou exceção",[122] vinculando a idéia de personalidade a um direito subjetivo. Ou seja, o indivíduo não é pessoa porque existe no mundo social e real enquanto ser humano, mas somente pode ser caracterizado como tal em função de seu enquadramento dentro do sistema. Segundo Jussara Meirelles, existe no universo jurídico numa concepção clássica, um sujeito virtual,[123] que não vive, anda e respira.

Um reflexo da visão de pessoa enquanto personagem a enquadrar-se no desenho preestabelecido pelo Código de 1916 e repetido pelo Novo Código Civil foi o regime de legitimidades, segundo o qual, o próprio sistema é que define a regra jurídica, bem como cada papel estabelecido por ele próprio. Um indivíduo pode praticar qualquer ato ou negócio porque detém capacidade para tanto.

Todavia, quando houvesse vedação do próprio direito codificado à prática de certos atos, esta se daria, não em função da categoria genérica a que pertence o indivíduo, mas devido a uma relação deste último com o objeto em questão ou com a outra parte.[124]

Exemplificativamente, toma-se a ultrapassada presunção *pater est quem justas nuptiae demonstrant* consagrada no direito de família codificado em 1916, cujo

---

[121] Jussara Meirelles, *O ser e o ter na codificação civil brasileira: do sujeito virtual à clausura patrimonial*, p. 91.

[122] Pontes de Miranda, *Tratado de Direito Privado*, p. 11.

[123] Jussara Meirelles, *O ser e o ter na codificação civil brasileira: do sujeito virtual à clausura patrimonial*, p. 91.

[124] Carlos Alberto Pinto Mota, *Teoria geral do Direito Civil*, p. 216.

Estudos de Direito Civil – Constitucional

resquício ainda se encontra presente na legislação civil atual.[125] Através dela, presumir-se-ia pai o sujeito unido matrimonialmente com a mãe da criança. Admitia-se contestação e prova em contrário, desde que fosse realizada dentro do pequeno prazo preestabelecido para tanto. Findo este prazo decadencial, não mais seria possível ao pai questionar a filiação.

O Direito Civil codificado, à época, abria espaço para que um indivíduo plenamente capaz para exercer os atos da vida civil fosse faticamente o pai biológico de uma criança cuja mãe constituiu *justas nuptiae* com outro homem, estivesse impedido de ver reconhecida a paternidade desta criança, face à presunção *pater ist est*.

*In casu*, havia plena capacidade jurídica do pai biológico e uma ilegitimidade para reconhecimento da paternidade de um filho que de fato era seu. Todavia, a vedação legal para reconhecimento da paternidade não se estabelecia pela categoria genérica do pai biológico, pois este indivíduo era plenamente capaz.

O filtro da legitimidade se estabelecia com base na relação que este homem deteve com a mãe, pois, para o ordenamento jurídico consubstanciado no Código de 1916, o vínculo entre pai biológico e mãe localizava-se fora do ordenamento para fins de filiação, pois lhe faltava o requisito essencial: casamento. "Sob a alcunha de legitimidade, a regulação jurídica dos papéis deferidos às pessoas depende da função que, em abstrato, o próprio sistema define".[126]

Abstratamente, o sistema preestabeleceu a função de pai ao marido da mãe, mesmo que faticamente não o fosse. O fato social filiação não existia em si para o Direito. Interessava para o ordenamento vigente à época o que se reconheceu juridicamente como filiação.

---

[125] Vide Art. 1.599 do Código Civil Brasileiro, *in verbis* "A prova da impotência do cônjuge para gerar, à época da concepção, ilide a presunção da paternidade."

[126] Luiz Edson Fachin, *Limites e possibilidades da nova teoria geral do Direito Civil*, p. 101.

Ressalta-se que a presunção de paternidade foi amplamente aplicada pelos Tribunais brasileiros, e o abrandamento das disposições pertinentes à filiação teve início na jurisprudência. A exemplo, a decisão do Supremo Tribunal Federal, em 24 de novembro de 1964, em que se reconhece outra forma de negação de paternidade, diversa da ação de negação prevista no artigo 334 do Código Civil de 1916.

> "1) Em princípio, não se admite a investigação de paternidade do filho adulterino a *matre* sem a ação negatória do *pater est* (c.c.,art. 334). 2) A jurisprudência tem abrandado essa exigência, quando o pai presumido contesta a paternidade por forma diversa da ação negatória, ou quando a efetiva separação do casal, ao tempo da concepção, exclui a presunção da paternidade legal. 3) Havendo negatória, e dispensável a previa dissolução da sociedade conjugal para a investigação da paternidade (l.883/49, art. 1). 4) Deve também ser dispensada, quando por outra forma, o pai presumido contesta a paternidade. 5) Também atende aos objetivos da lei a dissolução da sociedade conjugal no curso da ação de investigação".[127]

Hodiernamente, não há espaço para a eleição de verdades jurídicas em manifesta dissonância com a realidade. Têm relevância as observações de Luiz Edson Fachin, que identifica com clareza a função da paternidade:

> "O pai não pode ser aquele quem a lei presuntivamente atribui a paternidade; essa verdade jurídica, emergente da presunção *pater is est*, cujo caráter praticamente absoluto foi consagrado pelo sistema clássico, deve ceder à busca da verdadeira paternidade, do ponto de vista biológico. A verdadeira paternidade pode também não se explicar apenas

---

[127] Recurso extraordinário n°54891, julgado em 24.11.1964, relator Ministro Victor Nunes.

na autoria genética da descendência. Pai também é aquele que se revela no comportamento cotidiano, de forma sólida e duradoura, capaz de estreitar os laços da paternidade numa relação psicoafetiva".[128]

Se a paternidade e a filiação constituíam-se um exemplo claro de descompasso entre fato e norma, outro aspecto a ser considerado diz respeito ao reconhecimento da própria família. Segundo se verifica no sistema jurídico clássico, entendido como o embasado no Código Civil de 1916, a única forma legítima de constituição da família seria através do casamento formalmente celebrado.[129]

Deve ser reconhecida a importância desta espécie de formação familiar, principalmente, porque os próprios indivíduos que compunham a sociedade brasileira, à época, reconheciam no casamento um evento marcante em termos sociais.[130]

Algranti identifica como curiosa a atitude de Costa Aguiar, um pai de família que viveu no Brasil no período Colonial, cuja caderneta de anotações serviu de base para pesquisa histórica, ao registrar, três anos após a celebração de seu casamento, a ocorrência do evento. E analisa a conduta deste indivíduo da seguinte forma: "o casamento é certamente um marco digno de alterar hábitos e de levá-lo a registrar acontecimentos e despesas. É um novo tipo de vida que se inicia e é a 'história de sua família' que se encontra nas páginas seguintes".[131]

Entretanto, o que ora se identifica como incoerência do sistema jurídico embasado na codificação frente à sociedade é o fato de que somente a família fundada no casamento foi reconhecida como família jurídica. Quanto às demais, encontravam-se no âmbito do não-direito. Havia completa lacuna normativa acerca das demais formas familiares.

---

[128] Luiz Edson Fachin, *Estabelecimento da filiação e paternidade presumida*, p. 169.

[129] Livro I, da parte especial do Código Civil de 1916.

[130] Leila Mezan Algranti, *Famílias e vida doméstica*, p. 139-140.

[131] *Ibidem*.

Algranti destaca a posição dos estudos recentes em matéria familiar, afirmando que "vêm à tona os adultérios e concubinatos freqüentes e o grande número de filhos ilegítimos que os registros paroquiais e notariais comprovaram à luz das novas técnicas da demografia histórica".[132] O que significa dizer que a vida familiar à época do Código Civil de 1916 não se limitava à matrimonialização. Também nos dias atuais a vida familiar não se limita às previsões do Código.

Identifica-se no Código um "perfeito silêncio sobre a vida e sobre o mundo; nele somente especulou-se sobre os que têm e julgou-se o equilíbrio do patrimônio de quem se pôs, por força desta titularidade material, numa relação reduzida a um conceito discutível de esfera jurídica".[133]

Um exemplo disto é o reconhecimento constitucional da família monoparental e o completo silêncio do Código a este respeito. Além da omissão, encontra-se, também supressão de direitos[134] concedidos anteriormente através de legislação específica. Veja-se o caso do direito real de habitação expressamente concedido ao convivente através da Lei nº 9.278/96 e não contemplado pelo no novo estatuto civil. Além disso, o bem de família, que tem previsão expressa no art. 1.714 do Código Civil de 2002,[135] com a exigência da inscrição no registro competente, de onde se questiona, "quando o bem de família é instituído pelo convivente, opera-se inscrição ou transcrição? E quando for instituído pelo ascendente nas famílias monoparentais?"[136]

---

[132] Leila Mezan Algranti, *Famílias e vida doméstica*, p. 136.

[133] Luiz Edson Fachin, *Limites e possibilidades da nova teoria geral do Direito Civil*, p. 101.

[134] Luiz Edson Fachin e Carlos Eduardo Pianovski Ruzyk, *Um projeto de Código Civil na contramão da Constituição*, p. 249.

[135] "Art. 1.714. O bem de família, quando instituído pelos cônjuges, constitui-se pela inscrição de seu título no Registro de Imóveis; pela transcrição, quando terceiro."

[136] Luiz Edson Fachin e Carlos Eduardo Pianovski Ruzyk, *Um projeto de Código Civil na contramão da Constituição*, p. 254.

Estudos de Direito Civil – Constitucional
Volume 2

Urge integrar o Direito Civil à vida do ser humano, conforme aponta Miguel Reale:

"Então o direito não é um fato que plana na abstração, ou seja, solto no espaço e no tempo, porque também está imerso na vida humana, que é um complexo de sentimentos e estimativas. O Direito é uma dimensão da vida humana. O Direito acontece no seio da vida humana".[137]

Por este motivo, impõe-se a busca de uma nova exegese, superando a racionalidade expressa no Código de 1916, e repetida no Novo Código Civil, quiçá abandonando o pensamento formular codificado, a fim de construir uma perspectiva voltada ao ser humano enquanto pessoa, através de uma de uma visão muito mais existencial do que patrimonial, promovendo uma virada despatrimonializante, colocando o indivíduo em todas as suas esferas sociais no centro do sistema, preservando-lhe a dignidade de pessoa humana.

---

[137] Linha evolutiva da teoria tridimensional do direito. *Revista da Faculdade de Direito de São Paulo*, v. 88, 1993.

# 5. Contornos da família privada brasileira

As raízes coloniais brasileiras tiveram grande influência na tutela jurídica familiar do Código Civil de 1916, na medida em que este reconheceu a família enquanto órgão de "gestação da sociedade civil",[138] atribuindo a ela a condição de instituição, núcleo de apropriação de bens, no qual se destacavam a hierarquia, o comando patriarcal, a transpessoalidade, a necessidade de matrimonialização e o forte conteúdo patrimonialista.[139]

Somado a isso, encontrava-se a forte influência dos ideais da Revolução Francesa, segundo os quais a família, enquanto instituição supraindividual, deveria cumprir as diversas missões para com o Estado, dentre as quais estão a procriação, a formação de mão-de-obra, a transmissão do patrimônio e o fornecimento da primeira base de aprendizado.[140]

Para compreender o interior da família privada brasileira, entendida como a forma familiar que ocupou o cenário pátrio entre o período colonial e o fortalecimento da república, é imprescindível o estudo do contexto histórico e sociológico da época da elaboração do

---

[138] Michelle Perrot, *O nó e o ninho*, p. 77.

[139] Sobre a migração de uma família marcadamente patriarcal e hierarquizada para uma família eudemonista, Luiz Edson Fachin, *Elementos Críticos do Direito de Família*, p. 34; Rosana Amara Girardi Fachin, *Em busca da família do novo milênio*. Uma reflexão crítica sobre as origens históricas e as perspectivas do Direito de Família brasileiro contemporâneo, p. 8-9.

[140] Luiz Edson Fachin, *Elementos Críticos do Direito de Família*, p. 34.

Código Civil de 1916, pois há uma intensa relação entre família, sociedade e poder local.[141]

Retratando as raízes históricas e sociológicas da codificação do início do século, Orlando Gomes caracteriza a nação como "embrionária, cuja indústria mais importante consistia em uma lavoura rudimentar, extensiva, servida ontem por dois milhões de escravos e, àquele tempo, abolida a escravatura, isto é, na última década do século XIX, por trabalhadores nacionais e algumas dezenas de milhares de colonos de procedência européia".[142] Ou seja, uma estrutura econômica fundamentalmente agrária, latifundiária e escravocrata,[143] forneceu as bases da colonização brasileira e do próprio Código Civil.

Em que pese ter o Código de 1916 – através da inspiração francesa e alemã – reconhecido na família patriarcal o modelo a ser adotado, não se pode olvidar que, no Brasil, "a sociedade colonial nestes 300 anos esteve composta de duas partes: uma familiar (a família patriarcal) e outra não-familiar, que reunia a maioria da população, a massa anônima dos socialmente degredados".[144] Segundo Algranti, o próprio caráter de uma sociedade estratificada, entre brancos e negros, livres e escravos, dificultava o reconhecimento de padrões semelhantes de vida e de organização familiar.[145]

Distanciado da realidade social, o ordenamento jurídico pátrio elegeu como padrão familiar legalmente estabelecido aquele baseado no modelo da tutela, em que "a família exerce funções de reprodução biológica e social necessárias ao interesse geral que o estado deve proteger e controlar".[146] Para estar legalmente estabele-

---

[141] Eni de Mesquita Samara, *Patriarcalismo, família e poder na sociedade brasileira* (séculos XVI – XIX), p. 7.

[142] Orlando Gomes, *Raízes históricas e sociológicas do Código Civil Brasileiro*, p. 39.

[143] Caio Prado Júnior, *História econômica do Brasil*, p. 33-34.

[144] Mariza Corrêa, Colcha de Retalhos. *Estudos sobre a família no Brasil*, p. 19-20.

[145] Leila Mezan Algranti, *Famílias e vida doméstica*, p. 87.

[146] Jacques Comaille, *Direito e costumes ou o surgimento de um modelo de ilegitimidade recíproca*, p. 6.

cida, havia necessidade de matrimonialização, cumprindo as formalidades propostas pelo Código. Quanto à presença do afeto, seria presumida.[147] Ademais, calcavase na supremacia do poder do patriarca, com uma hierarquia entre seus membros. A função sexual estava basicamente ligada à procriação como meio de fornecimento de mão-de-obra.[148]

Clóvis Beviláqua definiu o casamento como "um contrato bilateral e solene, pelo qual um homem e uma mulher se unem indissoluvelmente, legalizando por ele suas relações sexuais, estabelecendo a mais estreita comunhão de vida e de interesses e comprometendo-se a criar e educar a prole que de ambos nascer".[149]

A celebração do contrato matrimonial era vista como um desdobramento da consensualidade,[150] em que homem e mulher, por meio do contrato parental, decidiam constituir uma família legal. Ocorre que, a premissa sobre a qual se funda a idéia de contrato parental está equivocada.

À época da elaboração do Código de 1916, o único capaz de emitir vontade livremente era o homem, notadamente, o ser dotado de patrimônio, pois o "poder nas relações civis está centrado na propriedade, ou melhor, no ter".[151] Quanto à mulher, estava submetida à tutela paterna. E, como fazia parte de uma família, deveria abrir mão de suas vontades individuais em benefício do ente familiar, não sendo rara a existência de casamentos arranjados pelo progenitor,[152] muitas vezes motivado pelo interesse sobre o patrimônio do futuro cônjuge da

---

[147] Silvana Maria Carbonera, *O papel jurídico do afeto nas relações de família*, p. 274.

[148] Analisando a família prevista no Código de 1916, Clóvis Bevilaqua, *Direto da Família*, p. 15-57.

[149] *Direto da Família*, p. 34.

[150] João Baptista Villela, *Liberdade e Família*, p. 18.

[151] Jussara Meirelles, *O ser e o ter na codificação civil brasileira: do sujeito virtual à clausura patrimonial*, p. 99.

[152] Silvana Maria Carbonera, *O papel jurídico do afeto nas relações de família*, p. 274.

---

Estudos de Direito Civil – Constitucional
Volume 2

prole, ou mesmo pela garantia de preservação do seu próprio patrimônio.

No que refere à mulher, após a celebração formal, estando consolidado o novo vínculo familiar, havia apenas uma alteração na figura masculina a quem ela estaria submetida: antes de casar, agia sob o controle do pai; após, passava à tutela do marido.[153]

Ainda que se admitisse a contratualidade, questiona-se acerca da bilateralidade do contrato de casamento a ser celebrado, à medida que a capacidade e a legitimidade dependem da regulação jurídica dos papéis definidos às pessoas, dependendo, assim, da função abstrata que o próprio sistema define.[154]

Tendo em vista que a mulher era até então concebida como relativamente capaz, sempre submetida à vontade paterna ou marital, restava-lhe o ambiente doméstico, enquanto ao homem, o ambiente externo.[155] Tal situação de submissão feminina ao poder do marido perdurou até 1965 e 1970, quando através da legislação referente ao regime de bens, bem como através das disposições sobre o pátrio poder, reduziu-se a inferioridade jurídica da mulher.

Dentre as características internas da família privada, e as previsões normativas acerca dela, exsurge o perfil extremamente patrimonialista que muitas vezes permeou a família codificada.

Neste sentido, Paulo Luiz Netto Lôbo[156] ressalta o volume numérico das disposições codificadas que contêm cunho patrimonial em matéria de família no Código de 1916. Segundo ele, no Livro I da Parte Especial, dentre os 290 artigos analisados, em 151 há conteúdo predominantemente patrimonial tutelado.

---

[153] Eni de Mesquita Samara, *Patriarcalismo, família e poder na sociedade brasileira* (séculos XVI – XIX), p. 13.

[154] Luiz Edson Fachin, *Limites e possibilidades da nova teoria geral do Direito Civil*, p. 45-50.

[155] Cristina de Oliveira Zamberlam, *Os Novos Paradigmas da Família Contemporânea* – Uma perspectiva interdisciplinar, p. 26.

[156] *A repersonalização das relações de família*, p. 64.

Além deste forte conteúdo patrimonialista, outra característica marcante da família privada brasileira dos séculos XVI ao XIX foi o poder patriarcal, exercido sobretudo pelo proprietário de terras.

"O mundo colonial nordestino[157] teve por eixo os engenhos, local onde se mesclavam relações de parentesco e trabalho",[158] refletindo, de uma maneira geral, o que ocorreu até o desenvolvimento da urbanização, pois a estrutura econômica, até então, estava fundada na exploração rural. A autoridade do proprietário das terras abrangia um número muito maior de pessoas do que sua família nuclear. Por muitas vezes, "somavam-se a esta composição agregados e parentes mais próximos".[159] A extensão do poder do senhorio das terras atingia várias famílias, que podiam viver economicamente independentes e mesmo a grandes distâncias.[160]

Esta característica é identificada por Sérgio Buarque de Holanda, remontando o poder do *pater-familias* romano:

"Nos domínios rurais é o tipo de família organizada segundo as normas clássicas do velho direito romano canônico, mantidas na península Ibérica através de inúmeras gerações, que prevalece como base e centro de toda a organização. Os escravos das plantações e das casas, e não somente escravos como os agregados, dilatam o círculo familiar, e com ele, a autoridade imensa do *pater-familias*. (...) Dos vários setores da nossa sociedade colonial, foi sem dúvida a esfera da vida doméstica aquela onde o princípio de autoridade menos acessível se mos-

---

[157] Cita-se o ambiente nordestino, porque em uma primeira fase, o Brasil esteve voltado para a economia açucareira, desenvolvida basicamente no Nordeste. E, somente a partir do século XVIII é que a produção no sul do país começou a ganhar expressão. (José Nelson de Arruda e Nelson Piletti, *Brasil: a conquista do território* (1640 – 1700), p. 157-159).

[158] Eni de Mesquita Samara, *Patriarcalismo, família e poder na sociedade brasileira (séculos XVI – XIX)*, p. 8.

[159] Leila Mezan Algranti, *Famílias e vida doméstica*, p. 86.

[160] Eni de Mesquita Samara, *Patriarcalismo, família e poder na sociedade brasileira (séculos XVI – XIX)*, p. 8.

Estudos de Direito Civil – Constitucional

trou às forças corrosivas de todos os lados que o atacavam. Sempre imerso em si mesmo, não tolerando nenhuma pressão de fora o grupo familiar mantém-se imune a qualquer restrição ou abalo. Em seu recatado isolamento, pode desprezar qualquer princípio superior que procure perturbá-lo ou oprimí-lo. Nesse ambiente o pátrio poder é virtualmente ilimitado e poucos freios existem para sua tirania".[161]

O Código Civil de 1916 legitimou o poder do senhorio, à medida que ao marido competia a chefia da sociedade conjugal,[162] com as atribuições de estabelecer o domicílio conjugal, representar legalmente a família, administrar o patrimônio familiar, nesse compreendidos inclusive os bens particulares da mulher, bem como os bens do casal. O varão deveria reger a pessoa e bens dos filhos menores, pois detinha com exclusividade o pátrio poder. Além disso, ao homem cabia a função de assistir os atos da mulher – inclusive no que tange à escolha da profissão.[163]

Os dispositivos codificados apresentam mais uma missão da matrimonialização da família, pois através dela definia-se a esfera jurídica do exercício de poderes do pai, à medida que somente a família legítima estaria submetida ao domínio do *pater*.[164]

O modelo de reconhecimento dos filhos, embasado na presunção *pater is est*,[165] no qual o marido era presu-

---

[161] Sérgio Buarque de Holanda, *Raízes do Brasil*, p. 81-82.

[162] A expressão clara do poder do marido – enquanto chefe da sociedade conjugal – estava legalmente estabelecida no artigo 203 do Código Civil Brasileiro.

[163] Heloísa Helena Barboza, *O direito de família brasileiro no final do século XX*, p. 88.

[164] Silvana Maria Carbonera, *O papel jurídico do afeto nas relações de família*, p. 280.

[165] Tal presunção encontrava-se pautada no art. 340 do Código Civil de 1916 e, através dela, o marido era presumidamente o pai do filho da mulher, pelo simples fato de com ela estar casado. Ou seja, não há vinculação qualquer com a situação de fato, pois o vínculo matrimonial sobrepunha-se até mesmo sobre a verdade dos fatos.

midamente o pai do filho da mulher, pelo fato de com ela ter estabelecido o vínculo conjugal, demonstra que a verdade fática era ignorada, havia dissonância entre a verdade jurídica e a verdade social.[166]

Um dos resultados do poder patriarcal era a predominância em toda a ordem social de um sentimento de submissão. Levava-se ao Estado a noção particularista e antipolítica do princípio da autoridade. À medida que a família caracteriza-se como célula da sociedade, e lá se encontrava a hierarquia natural do chefe, também na sociedade a hierarquia inquestionável deveria ser reconhecida como legítima.[167]

A eleição do padrão familiar patriarcal pelo Código Civil de 1916 representou a tentativa de manutenção da sociedade hierarquizada herdada da metrópole portuguesa, pois além de tutelar as relações entre as classes abastadas, serviu ideologicamente para legitimar a manutenção dos privilégios das classes dominantes.

Tem importância a posição de Mariza Corrêa ao questionar como se dá historicamente a produção concreta das formas de organização familiar, refletindo acerca da família patriarcal brasileira como modo cotidiano de viver a organização familiar no Brasil colonial, compartilhado pela maioria da população, tal qual apresentada até então, ou como modelo ideal dominante, vencedor sobre várias formas alternativas que se propuseram no decorrer de nossa história.[168]

Historicamente, reconhece-se a existência de outros vínculos familiares, todavia, o único que recebeu o reconhecimento do Código de 1916 foi a família fundada no matrimônio, vivenciada em sua maior parte pela elite brasileira.[169]

---

[166] Silvana Maria Carbonera, *O papel jurídico do afeto nas relações de família*, p. 280.

[167] Sérgio Buarque de Holanda, *Raízes do Brasil*, p. 81-82.

[168] Colcha de Retalhos, *Estudos sobre a família no Brasil*, p. 18.

[169] Leila Mezan Algranti, *Famílias e vida doméstica*, p. 87. "É certo que não se pode negar a importância do casamento no projeto colonizador do Estado e da Igreja, embora, na prática, ele tenha sido uma instituição primordialmente da elite."

A previsão normativa em matéria familiar não guardava proximidade com as situações sociais. Em muitos domicílios, estavam presentes mulheres com seus filhos, porém sem marido; em outros, os cônjuges e a concubina do varão viviam sob o mesmo teto, além disso, os filhos naturais, legítimos e ilegítimos criados em conjunto.[170]

"O sistema do parentesco foi emoldurado para sustentar uma concepção patriarcal, matrimonializada e hierarquizada da família. Nesta perspectiva, somente tinham abrigo sob essa moldura os valores com ela compatíveis. Assim, por hipótese, o filho de pessoas não casadas entre si e que não podiam casar pela existência de algum impedimento matrimonial, não era filho. Afirmar isso, equivale a reconhecer o diverso olhar que o jurídico dirige sobre a filiação diante do olhar biológico. Aquele filho, para o direito, uma vez ilegítimo, não passava para o mundo do direito, ficava no universo do não-direito".[171]

Socialmente, havia uma diferença substancial, pois uma das tarefas primordiais da família codificada era a procriação e o fornecimento de mão-de-obra.[172] Neste sentido, em franca contraposição ao juridicamente tutelado, outra característica da família colonial foi a presença de um número substancial de agregados no domicílio familiar, bem como de um número elevado de filhos, inclusive os juridicamente ilegítimos. Tal fato se deu em função da necessidade de força produtiva.

Tendo em vista que grande parte da economia baseava-se na produção agrícola, necessitava-se de mãos para o trabalho. Eni Mesquita Samara identifica os personagens da família patriarcal brasileira:

---

[170] Leila Mezan Algranti, *Famílias e vida doméstica*, p. 87.

[171] Luiz Edson Fachin, *Limites e possibilidades da nova teoria geral do Direito Civil*, nota 8, p. 106.

[172] Luiz Edson Fachin, *Elementos Críticos do Direito de Família*, p. 34.

"O núcleo central era composto pelo chefe da família, esposa e legítimos descendentes: filhos e netos por linha materna ou paterna. A estrutura da camada periférica era mais complexa e menos delineada e dela faziam parte: parentes, filhos ilegítimos ou de criação, afilhados, amigos, serviçais, agregados e escravos. Incorporando ainda as fileiras da família patriarcal e, sob sua influência, por razões econômicas, políticas ou por quais quer outros vínculos, estavam os vizinhos (pequenos sitiantes, lavradores e roceiros) e os trabalhadores livres e migrantes".[173]

Novamente, o Direito percorre o sentido contrário à realidade, pois não era rara a criação dos filhos legítimos em conjunto com os considerados ilegítimos.[174] Quanto aos filhos, "incorporando-os ao sistema produtivo, elevava a potencialidade econômica do grupo".[175] A família era caracterizada como célula de procriação, e o ato sexual tinha uma característica estritamente instrumental, e através disso, novamente, identifica-se o cunho patrimonial agregado à noção jurídica de família.

A família patriarcal brasileira foi lembrada como uma instituição que forneceu as bases dos padrões da colonização e ditou as normas de conduta e de relações sociais,[176] porém, o conteúdo desta entidade familiar codificada não se estanca nas noções de patriarcado, hierarquia e matrimonialização. O aspecto patrimonial sobrepunha-se a todas estas características, à medida que a família representava uma rede de pessoas e um conjunto de bens, bem como um patrimônio.[177]

Para uma visão atual do direito de família e da própria entidade objeto de regulação, impõe-se a supe-

---

[173] Eni de Mesquita Samara, *Patriarcalismo, família e poder na sociedade brasileira (séculos XVI – XIX)*, p. 13.

[174] Leila Mezan Algranti, *Famílias e vida doméstica*, p. 86.

[175] João Baptista Villela, *Liberdade e Família*, p. 23.

[176] Eni de Mesquita Samara, *Patriarcalismo, família e poder na sociedade brasileira (séculos XVI – XIX)*, p. 8.

[177] Michelle Perrot, *História da vida privada: da Revolução Francesa à Primeira Guerra*, p. 105.

Estudos de Direito Civil – Constitucional

ração de qualquer modelo codificado estanque, uma vez que família é um órgão social extremamente dinâmico em suas relações. Segundo Maria Celina Bodin de Mores, "cumpre assinalar a perspectiva de 'repersonalização' das relações de família",[178] para que se faça uma migração da família enquanto instituição, tutelada em si mesma para uma família voltada para o desenvolvimento da personalidade de seus membros,[179] de modo a "permear o Direito à vida, e vice-versa".[180]

---

[178] Maria Celina Bodin de Moraes, *A caminho de um Direito Civil Constitucional*, p. 30.

[179] *Ibidem.*

[180] Luiz Edson Fachin, *Limites e possibilidades da nova teoria geral do Direito Civil*, p. 104.

# 6. Do campo para a cidade: a década de 1930, crise do café e a nova realidade brasileira

Na caminhada da família rumo à superação do modelo tradicional em busca da solidariedade e reciprocidade entre seus membros, inúmeras transformações sociais afetaram seu desenvolvimento. Neste quadro de evolução, tem importância ímpar para a família brasileira a década de 1930, por suas alterações de estrutura social do país, dentre as quais destaca-se a paulatina intervenção estatal, o deslocamento do eixo de produção do campo para a cidade, o incentivo à industrialização, a edição de leis sociais e, sobretudo, o avanço do papel social da mulher.

Segundo Ariès, no período colonial brasileiro, a família tradicional existia em função da manutenção da propriedade, através do casamento legalizado, da segregação de papéis, estando o homem em um nível superior à mulher e filhos.[181] A principal atividade produtiva do Brasil era a monocultura para exportação,[182] as atenções coloniais estavam completamente voltadas para o campo, onde residia a maior parte da população.

A partir da proclamação da república, o quadro social do país iniciou um processo de intensas alterações, embasados no desenvolvimento inicial da indústria e no

---

[181] Philippe Ariès, *História Social da Criança e da Família*, p. 85.

[182] Rosana Amara Girardi Fachin, *Em busca da família do novo milênio*. Uma reflexão crítica sobre as origens históricas e as perspectivas do Direito de Família brasileiro contemporâneo, p. 45.

Estudos de Direito Civil – Constitucional

movimento migratório do campo para as cidades. "O Brasil era 70% rural e 30% urbano. Essa relação hoje se inverteu: hoje é um país 70% urbano e 30% rural".[183]

Durante um longo período, o principal sustentáculo da economia do Brasil na República Velha foi o café.[184] A centralização política obedecia ao binômio Minas Gerais-São Paulo, os maiores produtores de café.[185] O poder político era exercido através do voto do cabresto e da chamada política dos governadores, que consistia na alternância presidencial entre os candidatos dos partidos políticos oriundos de um dos dois estados anteriormente mencionados.[186]

O desenvolvimento da produção agrícola e da indústria cafeeira permaneceu em elevação até ser atingido pela "a crise da década de 1920",[187] obrigando o Estado a tomar medidas a fim de manter artificialmente o preço do produto. Através do convênio de Taubaté, o governo comprava a produção excedente do produto e colocava à venda quando se normalizavam os preços.[188] Todavia, frente à produção em larga escala, foram comprados e queimados milhares de sacos de café, na tentativa inútil de garantir-lhe o preço.[189]

Este fato foi o termo inicial para os questionamentos acerca da ordem política vigente, bem como para as revoltas sociais. Diante das manifestações populares, o

---

[183] Ricardo Pereira Lira, *Breve estudo dobre as entidades familiares*, p. 30.

[184] A produção de café utilizava os dois pólos brasileiros: o campo e a cidade. Iniciava o desenvolvimento da industrialização, principalmente na região de São Paulo. Mais tarde, a fabricação de algodão e a indústria têxtil começou a ser estimulada. (Gilberto Cotrim, *História e consciência do Brasil: da Independência até os dias atuais*, p. 87)

[185] José Nelson de Arruda e Nelson Pilleti. *O período entreguerras: as dificuldades brasileiras e a Revolução de 1930*, p. 297.

[186] Gilberto Cotrim, *História e consciência do Brasil: da Independência até os dias atuais*, p. 89.

[187] José Nelson de Arruda e Nelson Pilleti. *O período entreguerras: as dificuldades brasileiras e a Revolução de 1930*, p. 297.

[188] Gilberto Cotrim, *História e consciência do Brasil: da Independência até os dias atuais*, p. 86.

[189] José Nelson de Arruda e Nelson Pilleti. *O período entreguerras: as dificuldades brasileiras e a Revolução de 1930*, p. 297.

Estado foi forçado a assumir uma nova postura frente às desigualdades.

Quadro social semelhante ocorreu na Europa, em função do processo de industrialização crescente e dos igualmente crescentes movimentos sociais. As vicissitudes do fornecimento de mercadorias e o decurso da primeira guerra atingiram com profundidade o papel do Estado e, em conseqüência, o Direito Civil europeu, tornando inevitável a intervenção estatal cada vez mais acentuada na economia.[190]

Rosa Maria Aranovich identifica as mudanças na postura estatal brasileira, nos seguintes termos:

"A concepção ideológica do Estado, porém alterou-se ao longo do século XX. A complexidade da sociedade no campo social, econômico e político passou a exigir do Estado outras funções mais abrangentes e mais ativas. A transformação da sociedade civil e agrária em industrial, inobstante continuasse sendo privada, por excelência, exigiu da atuação estatal tarefas de ordenação, planificação e mesmo de intervenção, quando necessárias ao equilíbrio social".[191]

Neste contexto de alterações sociais tem início a chamada publicização do Direito Civil, que "compreende o processo de crescente intervenção estatal, especialmente no âmbito legislativo, característica do Estado Social do século XX. Tem-se a redução do espaço de autonomia privada para a garantia de tutela jurídica dos mais fracos".[192] Assim, identificou com lástima, em 1975, Antônio Junqueira de Azevedo, ao constatar as alterações no âmbito das normas, do direito subjetivo, do negócio jurídico e do próprio Direito de Família.[193]

No que tange às normas jurídicas, houve uma passagem de leis postas e prontas para uma maior

---

[190] Gustavo Tepedino, *Temas de Direito Civil*, p. 4.

[191] *Incidência da Constituição no Direito Privado*, p. 50.

[192] Paulo Luiz Netto Lôbo, *Constitucionalização do Direito Civil*, p. 100.

[193] Antônio Junqueira Azevedo, *O Direito Civil tende a desaparecer?* p. 15-31.

Estudos de Direito Civil – Constitucional
Volume 2

abertura à interpretação do aplicador.[194] O contrato deixou de ser um produto essencialmente baseado na autonomia da vontade, pois muitos dos seus efeitos passaram a ser regulados por lei, independentemente da vontade dos contratantes.[195]

Com relação ao Direito de Família, a partir da década de 1930, inúmeras transformações ocorreram em decorrência do contexto sociológico e da própria alteração na estrutura familiar. Com o advento da revolução industrial, segundo Villela, "incapaz de competir com as fábricas que se foram estabelecendo, a família teve que reinterpretar sua missão generativa".[196] O que significa dizer que a função procriacional não estava mais no centro da atividade familiar, possibilitando "novas alternativas para o grupo".[197]

A grande prole deu lugar a um número cada vez mais reduzido de filhos, possibilitando maior convívio entre os membros da família[198] – era o prenúncio da família nuclear. A presença dos filhos não se configura mais como ferramenta para a produção. A partir deste momento, a prole passa a ser considerada efeito da realização mútua dos cônjuges.[199]

---

[194] Antônio Junqueira Azevedo, *O Direito Civil tende a desaparecer?*, p. 17.

[195] *Ibidem*, p. 18.

[196] João Baptista Villela, *Liberdade e Família*, p. 24. – Cabe ressaltar, neste ponto, o significado da expressão *missão generativa*. É preciso lembrar, inicialmente, que a família do século XIX esta estritamente vinculada à idéia de procriação, principalmente em função da sua tarefa primordial de ser célula de produção, necessitando de braços para o trabalho. Neste contexto, o texto de Villela, traz à luz uma relação importante entre o surgimento da industrialização e o abandono da função familiar de procriação. Com o desenvolvimento da industria há capacidade de produzir mais em menor tempo, necessitando de um número bastante reduzido de força humana. Assim, o surgimento das fábricas teve influência direta no surgimento da chamada família nuclear.

[197] *Ibidem*, p. 9.

[198] Silvana Maria Carbonera, *O papel jurídico do afeto nas relações de família*, p. 283.

[199] João Baptista Villela, *Liberdade e Família*, p. 25. Tem igual importância fato da criança ser agora um meio de realização dos cônjuges, pois até então o menor era visto como uma peça a mais na tarefa produtiva. Com o deslocamento deste eixo, surge uma nova noção acerca dos filhos.

A própria tarefa educacional modificou-se. O Estado tomou para si o papel de educação das crianças em creches e escolas[200] e, certamente, "a retirada de algumas incumbências da família resultou numa significativa transformação",[201] dentre as quais está a mudança no tempo em que o adulto se vê ocupado com a educação da prole.

Enquanto anteriormente, todo o período de vida ativa do adulto era ocupado com a criação dos filhos,[202] com o início da publicização da função educacional, devido ao papel da escola e até mesmo ao trabalho dos pais fora do lar, esta tarefa passa a ocupar menos da metade do período de vida adulta que antecede a terceira idade. "O filho não é mais a prioridade do casal".[203]

"O novo modelo de casamento e a superação da ética matrimonial procriativa refletem o fundamental processo de desmonização por que passou a sexualidade na cultura ocidental",[204] iniciando a caminhada rumo à "função serviente da família",[205] bem como para o desenvolvimento do afeto[206] no seio familiar.[207]

---

[200] Philippe Ariès, *História Social da Criança e da Família*, p. 232 "A substituição da aprendizagem pela escola exprime também uma aproximação da família e das crianças, do sentimento de família e do sentimento de infância, outrora separados. A família concentrou-se em torno da criança . Esta não ficou porém desde o início junto com seus pais: deixava-o para ir a uma escola distante."

[201] Silvana Maria Carbonera, *O papel jurídico do afeto nas relações de família*, p. 283.

[202] Cristina de Oliveira Zamberlam, *Os Novos Paradigmas da Família Contemporânea – Uma perspectiva interdisciplinar*, p. 72.

[203] *Ibidem.*

[204] João Baptista Villela, *Liberdade e Família*, p. 25.

[205] Pietro Perlingieri, *Perfis do Direito Civil: introdução ao Direito Civil Constitucional*, p. 245.

[206] Luiz Paulo Netto Lôbo, *Princípio jurídico da afetividade na filiação*. Disponível em http://www.jus.com.br/doutrina/afetfili.html, acesso em 26.06.01. No mesmo sentido, Silvana Maria Carbonera, *O papel jurídico do afeto nas relações de família*, p. 273- 313.

[207] "A alteração mais profunda, portanto, no conceito de família decorre do reconhecimento de um direito à felicidade individual diverso, mas não independente do bem-estar da própria família." (Eduardo Silva, *Dignidade da pessoa humana e a comunhão plena de vida: o Direito de Família entre a Constituição e o Código Civil*, p. 451).

---

Estudos de Direito Civil – Constitucional
Volume 2

Philippe Ariès destaca que, com a urbanização e o início do capitalismo, surge um novo modelo de família, a chamada família moderna,[208] "aquela cujo perfil está definido no Código Civil de 1916 e na legislação subseqüente, até o advento da Constituição de 1988".[209]

Aliado ao processo de urbanização, o capitalismo trouxe ao espaço doméstico uma nova atividade. A família que antes se voltava à produção, agora se concentra no consumo de produtos.[210] Tal fato impulsionou a necessidade familiar de acumulação para garantia do sustento. Ao invés de produzir, a célula doméstica dedicava-se ao consumo das mais variadas inovações tecnológicas, de modo que, quanto maior o orçamento interno, maior a possibilidade de consumo daquela família.

De certa forma, a necessidade de consumo, pela célula familiar, impulsionou o ingresso da mulher no mercado de trabalho. E, como nas fábricas, com o auxílio de máquinas, a mulher poderia realizar tarefas até então exclusivamente masculinas, permitia-lhe cooperar, inclusive, com o orçamento familiar.[211]

"A grande indústria determinou a concentração de massas operárias e de capitais. Os camponeses recorreram às fábricas. As mulheres e menores também acorriam a elas, oferecendo-lhes seus serviços a preço vil. A competição entre o trabalho masculino e feminino iniciara-se".[212]

Se antes a "dignidade masculina residia no trabalho, enquanto a da mulher estava ligada à administração da casa e à educação dos filhos",[213] a partir do ingresso

---

[208] Philippe Ariès, *História Social da Criança e da Família*, p. 85.

[209] Ricardo Pereira Lira, *Breve estudos sobre as entidades familiares*, p. 28.

[210] Rosana Amara Girardi Fachin, *Em busca da família do novo milênio. Uma reflexão crítica sobre as origens históricas e as perspectivas do Direito de Família brasileiro contemporâneo*, p. 53.

[211] Joaquim Lustosa Sobrinho, *A evolução social da mulher*, p. 306.

[212] *Ibidem*, p. 305.

[213] Rosana Amara Girardi Fachin, *Em busca da família do novo milênio. Uma reflexão crítica sobre as origens históricas e as perspectivas do Direito de Família brasileiro contemporâneo*, p. 53.

da mulher no mundo do labor fora do lar, é possível verificar, paulatinamente, um novo direcionamento da própria função feminina no interior da família. O que anteriormente era identificado como a função feminina, não mais serve, pois a contribuição financeira, embora bem menor do que a masculina, em função da diferenciação salarial, traduz-se em um passo em direção à igualdade.

> "Com efeito, o acesso das mulheres ao mercado e à atividade remunerada fora do lar garantiram-lhes um recuperação da defasagem social, na qual se encontravam há vários séculos. Antes dominada e praticamente submissa (dada a ausência de autonomia financeira), o acesso ao salário no setor terciário e o exercício de uma atividade que se desenrola fora do lar aumentaram consideravelmente sua autonomia".[214]

Michelle Perrot destaca a influência das idéias de Saint-Just que se baseavam em ser a própria pessoa a escolher sua atividade, sua profissão, seus amores, sua vida e constata que tais ideais talvez servissem de forma mais contundente às mulheres, em função do desejo de ser pessoa, tendo liberdade para ir e vir.[215]

No campo jurídico, também é possível reconhecer os avanços da figura feminina. A Constituição brasileira de 1934, além de assegurar o voto secreto para eleição dos membros dos poderes Executivo e Legislativo, permitiu também à mulher o direito de voto, antes somente admitido aos homens.[216]

Soma-se a isso o fato de uma crescente preocupação social com as condições de trabalho das mulheres, uma vez que se encontravam submetidas a salários e condições inferiores ao homem.

---

[214] Cristina de Oliveira Zamberlan, *Os Novos Paradigmas da Família Contemporânea – Uma perspectiva interdisciplinar*, p. 71.

[215] Michelle.Perrot, *O nó e o ninho*, p. 78-79.

[216] Gilberto Cotrim, *História e consciência do Brasil: da Independência até os dias atuais*, p. 107.

"O Estado Liberal, inativo e mero espectador, mantenedor apenas da ordem, transformou-se em órgão supremo de coordenação e harmonia dos interesses em jogo, fazendo com que pelo equilíbrio das forças sociais, imperasse paz entre os homens com uma distribuição cada vez maior da riqueza. E assim interveio procurando democratizar a propriedade privada com acentuadas restrições, conferindo maior soma de garantias legais aos fracos, para lhes compensar a inferioridade econômica (...) Sendo a legislação criada com o objetivo pressípuo de proteção aos hipossuficientes, não deixaria certamente de se preocupar de logo com a condição do trabalho feminino".[217]

Era o prenúncio do Estado intervencionista, que através do dirigismo contratual, restringiu a autonomia privada.[218] No interior da família, uma nova alteração pode ser constatada além da redução do número de filhos – da grande família à família nuclear – e do ingresso da mulher no mercado de trabalho. Trata-se da alteração da própria visão de família: do contrato à instituição.

Luiz Edson Fachin destaca que "a família, proclama-se, deixou de ter um regimento submetido à vontade dos indivíduos. E nomeadamente, quando o casamento é tratado como instituição e não como contrato, essa visão institucionalista contribui para considerar a família como sendo este conjunto de princípios e regras ligadas ao Direito Público".[219] Paulatinamente, verifica-se a caminhada familiar rumo à família eudemonista, voltada para a realização dos seus membros.

"A função política despontava na família patriarcal, cujos fortes traços marcaram a cena histórica brasileira, da Colônia às primeiras décadas deste Século. Em obras clássicas, vários pensadores assinalaram este instigante traço da formação do homem brasi-

---

[217] Joaquim Lustosa Sobrinho, *A evolução social da mulher*, p. 310-311.

[218] Gustavo Tepedino, *Temas de Direito Civil*, p. 3.

[219] Luiz Edson Fachin, *Elementos Críticos do Direito de Família*, p. 44.

leiro, ao demonstrar que a religião e o patrimônio doméstico se colocaram como irremovíveis obstáculos ao sentimento coletivo de *res publica*. Por trás da família, estavam a religião e o patrimônio, em hostilidade permanente ao Estado, apenas tolerado como instrumento de interesses particulares. Em suma, o público era (e ainda é, infelizmente) pensado como projeção do espaço privado-familiar. A família atual brasileira desmente essa tradição centenária. Relativizou-se sua função procracional. Desapareceram suas funções política, econômica e religiosa, para as quais era necessária a origem biológica. Hoje, a família recuperou a função que, por certo, esteve nas suas origens mais remotas: a de grupo unido por desejos e laços afetivos, em comunhão de vida. Sendo assim, é exigente de tutela jurídica mínima, que respeite a liberdade de constituição, convivência e dissolução; a auto-responsabilidade; a igualdade irrestrita de direitos, embora com reconhecimento das diferenças naturais e culturais entre os gêneros; a igualdade entre irmãos biológicos e adotivos e o respeito a seus direitos fundamentais, como pessoas em formação; o forte sentimento de solidariedade recíproca, que não pode ser perturbada pelo prevalecimento de interesses patrimoniais".[220]

No cenário da década de 1930, a família mostrou-se não mais como uma célula produtiva, imóvel. Foi necessário repensar as estruturas que embasavam o grupo, verificando alterações que refletem hodiernamente na concepção familiar. Enquanto o contrato parental atribuía ao homem a chefia única, devendo expressar a vontade familiar, no pensar da família enquanto instituição, questionou-se tal noção. Enfim, tratava-se do início de novos tempos, em que, com base na ingerência estatal nas relações interprivadas, construía-se uma visão familiar mais igualitária.

---

[220] Paulo Luiz Netto Lôbo, *Constitucionalização do direito civil*, p. 99-109.

---

Estudos de Direito Civil – Constitucional
Volume 2

# 7. Um novo Direito para uma nova família

Desde a elaboração o Código Civil de 1916 foi incapaz de abranger entre as paredes herméticas de sua completude[221] as inúmeras demandas da realidade social.[222] Por este motivo, a fim de atender a demanda que se impunha, foram editadas inúmeras leis esparsas e especiais que trataram de regulamentar matérias até então excluídas do universo jurídico, com a finalidade de adequar os pilares do Direito Civil tradicional às novas exigências da sociedade.[223]

---

[221] Norberto Bobbio, *Teoria do Ordenamento Jurídico*, p. 120-137: "Nos tempos modernos o dogma da completude tornou-se parte integrante da concepção estatal do Direito, isto é, daquela concepção que faz da produção jurídica um monopólio do Estado. Na medida em que o Estado moderno crescia em potência, iam-se acabando todas as fontes de direito que não fossem a Lei ou o comando do soberano. (...) Admitir que o ordenamento jurídico estatal não era completo, significava introduzir um Direito concorrente, quebrar o monopólio da produção jurídica estatal."

[222] Neste aspecto, importante se faz o comentário de Luiz Edson Fachin, onde identifica que "soa imperativo reconhecer que o vigente Código Civil brasileiro – Código de 1916 –, espelhado em suas raízes históricas e sociológicas, edificou um sistema de direito privado não imune à idéia de reforma e em grande parte coerente com sua história. A norma civil codificada foi produto de sua época e sobre sua quadra também dialeticamente interagiu; o tempo e o lugar do Código foram também a estação européia, vivificada pela força dos fatos que suplantaram a *escola histórica*. O *Código patrimonial imobiliário* dava conta do individualismo oitocentista num modelo único de sociedade. Adotou per essa mesma razão, um *standard* de família, de vínculo e de titularidade, e promoveu a exclusão legislativa das pessoas, bens, culturas e símbolos *estrangeiros* a essa definição." (*A Reforma no Direito Civil Brasileiro: Novas notas sobre um velho debate no Direito Civil*, p. 65).

[223] Francisco Amaral, *Racionalidade e sistema no Direito Civil brasileiro*, p. 75.

Tal processo caracterizou a chamada "descodificação",[224] com a paulatina perda de espaço do Código Civil, que outrora, representava o centro absoluto das normas privadas.[225]

Identifica-se através das palavras de Francisco Amaral o descompasso existente entre o prontuário estabelecido no Código e aplicação das normas na realidade social:

> "Assim é que publicado o Código, tantos foram os problemas e os desafios da sociedade em mudança e tamanha foi a dificuldade do Código em se adaptar às novas exigências que foi necessário partir-se para a adoção de leis especiais em ritmo crescente, tentando adequar os institutos tradicionais da sociedade civil (a pessoas, a família, a propriedade, o contrato e a responsabilidade civil) às novas contingências da sociedade industrial".[226]

À medida que a ideologia impregnada pelo liberalismo empalidecia para dar lugar a uma nova idéia de Estado, que viria a assumir papéis outrora reservado à iniciativa privada,[227] inúmeras normas especiais foram editadas, buscando reduzir a distância entre o modelo codificado e a pluralidade fática.

---

[224] Antônio Junqueira de Azevedo reconhece com pesar o fenômeno da descodificação como uma das características da decadência do Direito Civil. (*O Direito Civil tende a desaparecer?*)

[225] Maria Celina Bodin de Moraes, *A caminho de um Direito Civil Constitucional*, p. 65: "É forçoso reconhecer que o Código Civil não mais se encontra no centro das relações de direito privado. Tal pólo foi deslocado a partir da consciência da unidade do sistema e do respeito à hierarquia das fontes normativas para a Constituição, base única dos princípios fundamentais do ordenamento."

[226] Francisco Amaral, *Racionalidade e sistema no Direito Civil brasileiro*, p. 75.

[227] Maria Celina Bodin de Moraes, *A caminho de um Direito Civil Constitucional*, p. 23: " De conseqüência, o processo de transformação econômica, social e jurídica que se iniciou na 1ª Grande Guerra, já não encontrou o direito civil incólume, sendo certo, ao contrário, o forte impacto no sentido de suas estruturas – contrato e propriedade privada – por obra daquelas mudanças conceituais havidas no seio da sociedade. De um lado o florescimento da idéia moderna de Estado, assumindo funções antes deixadas à iniciativa privada."

Gradativamente, a idéia de família embasada em fundamentos liberais que atribuíam à comunidade familiar um caráter transpessoal, com a preocupação principal com continuidade[228] esmaecia, possibilitando o surgimento da gênese de uma nova dimensão familiar, eudemonista, apta a dar espaço à igualdade.[229]

A Constituição de 1934 estendeu à família expressa proteção estatal,[230] admitindo que a cerimônia religiosa gerasse efeitos civis, quando devidamente inscrita no registro cartorial.[231]

> "Exemplos lembram dos séculos que o sistema jurídico embalou com formas diferentes de redução da mulher a um ser juridicamente incapaz. Uma potencialidade contida. O traço de exclusão da condição feminina marcou o patriarcado e fundou um padrão familiar sob a lei da desigualdade. Do mesmo modo, os filhos tidos fora do casamento foram excluídos da cidadania jurídica, pois embora fossem filhos, no sentido natural, direito algum tinham em homenagem à 'paz e à honra' das famílias matrimonializadas. Segredos conservavam a decência aparente da família e instituíram a 'mentira jurídica'."[232]

Na trajetória de perda do espaço reservado ao Código Civil de 1916 e de superação da mentira aceita e aplicada juridicamente, três alterações legislativas merecem destaque, pois através delas foi possível a dissolução da sociedade conjugal, a gradativa emancipação da mulher casada e o reconhecimento do filho adulterino, até então excluído do vínculo familiar juridicamente relevante.

---

[228] Silvana Maria Carbonera, *O papel jurídico do afeto nas relações de família*, p. 279.

[229] Luiz Edson Fachin, *A reforma no Direito Brasileiro: Novas notas sobre um velho debate no Direito Civil*, p. 67.

[230] Em que pese na Constituição Brasileira de 1891 haver o reconhecimento estatal acerca do casamento civil (artigo 72, § 4°), apenas em 1934 houve o reconhecimento do casamento religioso com efeitos civis.

[231] Artigo 146 da Constituição Brasileira de 1934.

[232] Luiz Edson Fachin, *Elementos Críticos do Direito de Família*, p. 15.

Com o advento da Lei n° 883, de 1949, o sistema jurídico alargou suas fronteiras estendendo sua proteção ao filho adulterino, que, até então não poderia juridicamente pertencer a uma família, e sequer poderia ter reconhecido seu estado de filho.[233] Este diploma normativo permitiu ao cônjuge varão o reconhecimento da paternidade referente ao filho havido fora do vínculo matrimonial.

Além disso, assegurou ao filho o direito de ação a fim de que lhe fosse declarado o estado de filho. Todavia, para que estes direitos pudessem ser exercidos, havia necessidade de prévia dissolução da sociedade conjugal.[234] Mais tarde, a partir da Lei n° 7.250, de 1984, tal exigência foi abrandada, posto que, pai ou filho, poderiam pleitear reconhecimento da paternidade ou filiação, quando houvesse separação de fato há mais de cinco anos.[235]

Apesar do reconhecimento do *status* de filho ao indivíduo nascido no universo extraconjugal, pairava no ordenamento uma supremacia da família formalmente constituída em detrimento da dignidade do filho extraconjugal.[236]

Segundo a Lei n° 883, de 1949, o filho adulterino possuía direito à metade da herança a que fizesse jus o filho legítimo, todavia, juridicamente não se reconheceu como direito sucessório, tratando de nomear o patrimônio recebido face à morte do antecessor de amparo social.[237]

Enquanto o filho legítimo recebia herança de seu pai, o outro, concebido fora da sociedade conjugal legal-

---

[233] Silvana Maria Carbonera, *O papel jurídico do afeto nas relações familiares*, p. 281.

[234] Heloisa Helena Barboza, *O direito de família brasileiro no final do século XX*, p. 95.

[235] Gustavo Tepedino, *A disciplina Civil - constitucional das relações familiares*, p. 54.

[236] *Ibidem*.

[237] A Lei 883/49 reconheceu ao filho adulterino um verdadeiro direito hereditário, todavia, em 1942, a sociedade ainda permanecia muito arraigada à cultura da família legítima, impossibilitando o reconhecimento social deste direito.

---

Estudos de Direito Civil – Constitucional
Volume 2

mente estabelecida, perceberia ajuda social.[238] A diferença de nomenclatura demonstra o pudor social em reconhecer um dos efeitos patrimoniais da filiação que é a sucessão hereditária. Construiu-se um sofisma que atribuía a origem do valor percebido a um dever social, e não ao reconhecimento do vínculo de paternidade.

De fato, o filho adulterino não restava desamparado com a morte de seu ancestral, todavia, ao reconhecer este quinhão como dever social, o Estado manifestava seu preconceito, à medida que o Direito ainda não se libertara de valores como a proteção excessiva da matrimonialização.[239]

Na luta pelo reconhecimento dentro da esfera familiar e da própria sociedade localiza-se a mulher, cujo papel oscilava entre a chefia do marido, para quem deveria obediência[240] e o espaço privado do lar.[241] Até o advento da Lei n° 4.121, de 1962, o chamado Estatuto da Mulher Casada, verificou-se a completa inferiorização da mulher casada, com sua incapacidade jurídica para os atos da vida civil.[242]

> "A história revela que a mulher na maioria das vezes ocupou lugar de inferioridade. O lugar de autoridade da representação da lei, em grande parte da história antiga e moderna era atribuído ao homem, ocupando a mulher o seu contraponto simbólico. Relegada da cena pública e política, a mulher era emoldurada e confinada à reprodução e produção privada".[243]

---

[238] Heloísa Helena Barboza, *O direito de família brasileiro no final do século XX*, p. 95-96.

[239] Luiz Edson Fachin, *Elementos críticos do direito de família*, p. 113: "O casamento Civil válido é aquele celebrado perante o Estado, presente através de uma autoridade para isso investida, cujas atribuições lhe conferem poder para promover a celebração daquele vínculo."

[240] O *ex vi* artigo 233 do Código Civil Brasileiro dispunha ser o marido o chefe da sociedade conjugal, nada mencionando acerca da mulher.

[241] Lynn Hunt, *Revolução francesa e vida privada*, p. 51.

[242] Gustavo Tepedino, *A disciplina Civil - constitucional das relações familiares*, p. 53.

[243] Cristina de Oliveira Zamberlam, *Os Novos Paradigmas da Família Contemporânea – Uma perspectiva interdisciplinar*, p. 67.

Somente com o advento do Estatuto da Mulher Casada foi possível identificar uma nova postura reconhecida pelo Direito. A mulher teria a responsabilidade de colaboração[244] com o homem, deslocando-se da submissão para o trabalho em conjunto. Assim, esta personagem ganha espaço dentro da comunidade familiar, esmaecendo, paulatinamente, a idéia de que "a unidade formal da família, em sendo um valor em si, justificava o sacrifício individual da mulher, em favor da paz doméstica e da coesão formal da entidade familiar".[245]

Pietro Perlingieri afirma a necessidade de que seja rechaçada toda e qualquer teoria que discorra sobre um interesse familiar supraindividual,[246] destacando que "afirmou-se precedentemente, a compresença da responsabilidade na liberdade individual",[247] o que significa dizer que há uma exigência de colaboração e solidariedade entre os membros, sem que se constitua um separado interesse familiar que possa vir a ser oposto ao individual. Existe um interesse individual de cada familiar, que à medida da convivência e da comunhão espiritual, torna-se, em diferentes medidas, o interesse dos outros.[248]

Três estágios nas relações entre os cônjuges e, por conseqüência, no papel da figura feminina na moldura familiar são identificados por João Baptista Villela. Inicialmente, reconhece o poder do marido sobre a pessoa da mulher. Em um segundo momento, identifica no

---

[244] Heloisa Helena Barboza, *O direito de família brasileiro no final do século*, p. 98: "Com propriedade, Fereira Munuz refere a inauguração do tempo da igualdade entre os cônjuges, sem que a organização familiar tenha deixado de ser 'tendencialmente patriarcal'. Segundo o autor, adotou-se a idéia básica de *cooperação diferenciada dos cônjuges* , revelada claramente ao atribuir à mulher a condição de 'companheira, consorte e colaboradora do marido nos encargos da família, cumprindo-lhe velar pela direção material e moral desta'."

[245] Gustavo Tepedino, *A disciplina Civil- constitucional das relações familiares*, p. 53.

[246] Pietro Perlingieri, *Perfis do Direito Civil: introdução ao Direito Civil Constitucional*, p. 245.

[247] *Ibidem.*

[248] *Ibidem.*

marido uma espécie de "autoridade função".[249] "Pode-se dizer que substancialmente neste estado se encontram as formulações normativas do direito brasileiro, especialmente a partir das emendas que lhe aportou o chamado *estatuto da mulher casada* (Lei n° 4.121, de 27 de agosto de 1962)".[250] Em um terceiro estágio estaria a eliminação de qualquer supremacia, ainda que funcional de qualquer dos cônjuges.[251] Era o início da caminhada feminina rumo à igualdade na direção diáquica da família, que viria a ser estabelecida através da Constituição Brasileira de 1988.

Com a alteração dos padrões sociais, duas figuras individuais começam a ser vislumbradas pelo sistema jurídico, em especial nas normas esparsas, de forma mais coerente com o espectro social, os filhos extraconjugais, na medida em que adquirem o direito de ter família e à mulher, pois até a edição do Estatuto da Mulher Casada, não lhe era atribuída sequer a capacidade civil.

Quanto à tutela do vínculo matrimonial, reconhece-se o estremecer do Código Civil de 1916, quando da promulgação da Lei do Divórcio, em 1977.[252] Através dela "permitiu-se a dissolução do vínculo conjugal desde que houvesse prévia separação judicial por mais de três anos, ou separação de fato pelo prazo de cinco anos".[253]

Todavia, o fato da possibilidade de destituição do casamento vinculava-se a um novo espectro na estrutura de vontade do ser humano. Ou seja, "há uma latente consciência de que a um direito fundamental de se casar

---

[249] Pietro Perlingieri, *Perfis do Direito Civil: introdução ao Direito Civil Constitucional*, p. 27: "No segundo estágio desaparece *dever de obediência* mas subsiste a chefia do marido. Esta já não mais alcança a pessoa da mulher, senão apenas, agora sim, sua conduta. É o momento em que o poder pessoal do marido se transmuda na *autoridade-função*, idéia que o legislador francês consagra nas reformas de 1938 e 1942."

[250] *Ibidem.*

[251] *Ibidem.*

[252] Lei n° 6515 de 26.12.1977.

[253] Heloísa Helena Barboza, *O direito de família brasileiro no final do século XX*, p. 99.

(conforme a Declaração Universal dos Direitos Humanos, art. XVI) corresponde outro não menos relevante de não se manter casado contra a própria vontade".[254]

"Também se faz necessário destacar que, no original modelo codificado, a indissolubilidade do vínculo matrimonial era regra e, em casos onde o matrimônio se revelasse um insucesso, a única alternativa era o desquite, que punha fim à comunhão de vida sem atingir o vínculo jurídico. Novamente pode ser observado que a construção daquele modelo jurídico de família tinha como elemento central a manutenção da comunidade familiar, mesmo que a custo de força legal".[255]

Com a possibilidade da destituição do vínculo jurídico de matrimônio, novas famílias entram em cena. A realidade apresentava inúmeros casos de uniões de fato após o divórcio, ou de pais que, sem constituírem novo vínculo afetivo, passavam a constituir família somente com seus filhos.

Em que pese a Lei n° 6.515, de 1977, encontrar fundamento sobre os alicerces do princípio da culpa, reconhece-se como positiva a nova postura estatal de ingerência na sociedade conjugal, pois, frente à necessidade de proteção da pessoa humana, não se pode deixar a família ao arbítrio da auto-regulação.

Neste sentido, razão assiste a Villela[256] quando identifica como aspecto negativo a declaração de culpa ou inocência realizada pelo Estado, e preservada pelo Código Civil de 2002, premiando com alimentos a quem deteve bom comportamento. Todavia, não se pode concordar no todo com a idéia do autor. A divergência de entendimento localiza-se no motivo pelo qual é considerado impróprio o sistema da culpa. Para Villela,[257] a

---

[254] João Baptista Villela, *Liberdade e Família*, p. 19.

[255] Silvana Maria Carbonera, *O papel jurídico do afeto nas relações de família*, p. 281.

[256] *Liberdade e Família*, p. 39.

[257] *Ibidem*, p. 39.

---

Estudos de Direito Civil – Constitucional

posição estatal frente à declaração de culpa caracteriza-se como um constrangimento à liberdade pessoal, talvez por encontrar escopo no sistema jurídico anterior à Constituição, com resquícios das idéias liberais.

No entanto, em uma análise com fulcro constitucional, embasada no sistema dela decorrente, verifica-se a necessidade de colocar ao norte a pessoa humana, vencendo o resquício de preservação da família legítima, a fim obter a preservação da dignidade do ser humano. Por isso, a questão referente ao sistema da culpa atinge dois dos princípios concretizadores da dignidade: a liberdade e a igualdade.[258]

Atinge o princípio da liberdade, à medida que o ser humano é livre para estar unido enquanto subsistir o afeto e a realização pessoal dentro da própria família. Todavia, vincular a separação, quando não consensual, à culpa de alguém, significa reconhecer o impossível, que o desamor acontece sempre em conjunto, pois é vedado pleitear, individualmente, a dissolução do vínculo, simplesmente, porque não há mais amor.

Com relação à igualdade, tem-se que o mundo dos fatos – diz-se dos relacionamentos –, o esmaecimento da relação, ou mesmo a impossibilidade de convivência, via de regra, se dá em função de um conjunto de fatores que

---

[258] Ricardo Aronne, *Por uma nova hermenêutica dos direitos reais limitados*, p. 120: "Dois dos princípios.concretizadores da dignidade da pessoa humana – princípios gerais – são o princípio da liberdade e o princípio da igualdade. Só haverá dignidade na existência de igualdade e liberdade. O momento do texto é próprio para pontuar a diversidade do sistema contemporâneo para com o liberal clássico, no qual se erigiu a codificação civil brasileira. Em tal sistema, a igualdade era de ordem formal, pois era garantidora da liberdade – estruturante – mediante a legalidade – fundamental –, positivando-se como princípio geral, a dar sentido aos que lhe antecediam em abstração. Atualmente, se observa a liberdade em patamar de concrecidade isonômico ao da igualdade. Ambos os princípios advêm para a concretização da dignidade da pessoa humana, ganhando sentido naquele e conseqüente valoração diferida no caso concreto, alinhando-se por relativização mútua, em concordância prática. Neste sentido, tanto igualdade como liberdade têm apreensão material no sistema, implicando tratamento desigual para os desiguais, ou restrição de liberdade para sua própria realização, no sentido da garantia da pessoa humana, na acepção intersubjetivada."

jamais podem ser imputados a apenas um dos membros da família. Há uma conjunção de condutas das partes, a facilitar a depreciação do vínculo estabelecido.

Ao reconhecer um cônjuge como culpado da dissolução do vínculo, o Judiciário, desde logo, põe fim na situação de igualdade que havia entre os seres humanos que constituíam aquela família, atingindo outras esferas do cônjuge culpado que não têm relação direta com o vínculo conjugal. É a relevância do interesse supraindividual familiar. Ao culpado, não serão devidos alimentos,[259] sendo questionável o direito à guarda dos filhos.[260]

Principiologicamente, à mulher e ao homem é assegurada a dignidade da pessoa humana, como direito fundamental, bem como a igualdade entre todos os seres humanos. Quando da realização do casamento, exsurge aos cônjuges o direito de igualdade dentro da família, bem como o direito-dever de assistência. Da paternidade, surge o direito-dever de guarda dos filhos.

Como uma pirâmide, tem-se a dignidade da pessoa humana, – no topo –, princípio da igualdade, – como concretizador do primeiro –, e, em mesmo nível de hierarquia estão o direito à assistência (decorrente do vínculo conjugal) e o direito à guarda dos filhos (decorrente da filiação). Ao atribuir a um dos membros da família a culpa pela separação, retira-se deste a condição de igual com relação do outro cônjuge, não apenas dentro da união conjugal, mas fora dela.

Há esferas extrínsecas à relação atingidas. Com a declaração judicial, o cônjuge culpado perde o direito de perceber alimentos, atingindo o direito de subsistência. Além disso, resta impossibilitado de obter a guarda dos

---

[259] Art. 1.704 do Novo Código Civil – Se um dos cônjuges separados judicialmente vier a necessitar de alimentos, será o outro obrigado a prestá-los mediante pensão a ser fixada pelo juiz, caso não tenha sido declarado culpado na ação de separação judicial.

[260] Caitlin Sampaio Mulholland, *O melhor interesse da criança: um debate interdisciplinar*, p. 253-259.

Estudos de Direito Civil – Constitucional
Volume 2

filhos,[261] sofrendo conseqüências externas, no que tange à filiação, vínculo independente do casamento.

Como resposta a esta problemática, Villela aponta que haveria grande evolução em matéria de divórcio quando se passasse do princípio da culpa para a deterioração factual.[262]

Merece destaque a atuação do julgador frente às novas estruturas factuais, que através dos tempos, vem superando a visão positivista, passando a tutelar situações de fato não amparadas pelas teias da jurisdicização.[263]

Cabe ressaltar a Súmula n° 380 do Supremo Tribunal Federal, originada de julgados entre 1946 e 1963,[264] que dispõe: "comprovada a existência de sociedade de fato entre concubinos é cabível a sua dissolução conjugal, com a partilha do patrimônio adquirido pelo esforço comum." Esta última expressão, no entanto, não possuía entendimento uniforme, o que gerou em um curto lapso temporal decisões completamente opostas.

Como exemplo, tem-se a decisão da 4ª Câmara Cível do Tribunal de Justiça de São Paulo, onde se verifica que, em 1993, cinco anos após a promulgação da Carta Magna de 1988, ainda se permanecia com os olhos

---

[261] Em que pese a previsão normativa acerca da guarda dos filhos, o fato de o cônjuge ter dado causa ao rompimento conjugal, hodiernamente, deve ser relativizado em função do princípio do bem-estar do menor. Quanto ao bem-estar do menor, veja Caitlin Sampaio Mulholland, *O melhor interesse da criança: um debate interdisciplinar*, p. 253-259.

[262] *Liberdade e Família*, p. 39.

[263] Exemplificativamente, tem-se o concubinato, até então sem reconhecimento jurídico como entidade familiar, todavia, não ignorado pelo aplicador do Direito, que solucionou o conflito através da lógica aplicada à sociedade de fato. Longe do tratamento ideal a ser dado à matéria, não se pode deixar de reconhecer o avanço, pois, em uma situação até então ignorada pelo Direito, permitiu-se a divisão dos bens. A matéria foi sumulada pelo STF, sob o n° 380, e seria essencial a prova da existência desta sociedade de fato. Neste sentido o julgado STF, RE 71243, 1ª Turma, Relator Luiz Gallotti, de 23/03/1971: "Concubinato. Partilha de bens. Para que caiba tal partilha, é necessário que,além da prova do concubinato, se prove a existência da sociedade de fato de forma a ter o patrimônio resultado do esforço comum. Súmula 380. Recurso extraordinário não conhecido."

[264] Álvaro Vilhaça de Azevedo, *Do concubinato ao casamento de fato*, p. 86.

voltados ao passado, exigindo prova da contribuição patrimonial na divisão dos bens havidos em conjunto, ignorando a completa modificação de valores trazidos pela Constituição Federal.

"[...] do simples governo doméstico não é lícito depreender-se contributo pecuniário em prol da mencionada contribuição patrimonial. Trata-se de um dever natural que, em nossa cultura, cabe à mulher, e de seu desempenho colher benefício, além dela própria, o companheiro e a prole não faria sentido a partilha meio a meio do patrimônio conjugal, pois não está provado que o desempenho nas tarefas do lar produza ingressos financeiros e, menos ainda, hábeis para a formação do patrimônio".[265]

Em sentido contrário, a decisão da 7ª Câmara Cível do Tribunal de Justiça do Rio Grande do Sul, também do ano de 1993:

"[...] Havendo somente bens móveis, e tendo havido vida em comum durante mais de cinco anos e a participação da mulher cuidando da casa, independe do seu comportamento o direito à metade dos bens adquiridos durante a união existente. A culpa da mulher pelo comportamento desrespeitoso e do companheiro por atitudes agressivas, leva a reconhecer a responsabilidade de ambos pela ruptura da sociedade de fato".[266]

Havia divergência acerca da possibilidade de partilha de bens havidos na constância da união de fato quando não restasse provada a contribuição patrimonial. Ou seja, o trabalho doméstico, por vezes, foi reconhecido como esforço comum na aquisição do patrimônio e outras não.

---

[265] TJSP, E. Inf. 139.073-1, 4a CC, Relator Ney Almada de 14-03-93.

[266] TJRS, Ap Cv 592.120.836, 7ª CC, Relator Des. Silvestre Jasson Ayres Torres, de 09-06-93.

Estudos de Direito Civil – Constitucional
Volume 2

Hodiernamente, cumpriria questionar acerca da vigência desta súmula, principalmente, após a Constituição de 1988 e a alteração de foco do Direito Civil, onde se reconhece a supremacia da pessoa sobre o patrimônio.

Neste viés, a descodificação denotou a incapacidade do Código Civil de 1916 na tutela das situações reais. Da mesma forma, o Novo Código Civil, pois a Constituição Federal que deslocou o eixo axiológico do ordenamento.[267]

Para a concretização do princípio da dignidade da pessoa humana, há necessidade de uma visão aberta e includente, para além dos dispositivos codificados, de modo a garantir tutela jurídica ao ser humano, no seu sentido ontológico.

---

[267] Exemplificativamente, o art. 1628 do Código Civil de 2002 restringe o vínculo de parentesco do adotado. O art. 1694 autoriza aos parentes o requerimento de alimentos, em caso de necessidade. Em uma análise pura e simples da legislação – diga-se, tomando o Código como centro do Direito Privado –, o filho adotado não poderia solicitar alimentos de seus avós (pais do adotante), mesmo em caso de necessidade, uma vez que a ele não fora estendido juridicamente o vínculo de parentesco. Todavia, ao enquadrarmos a situação fática aos valores constitucionalmente assegurados, verifica-se que tal pretensão há de ser adimplida, uma vez que, axiologicamente, deve prevalecer no sistema jurídico à dignidade da pessoa humana (princípio fundamental) do que norma ordinária conflitante com os valores constitucionais.

# 8. Constituição de 1988: a família para os excluídos

Às vésperas do século XXI ergueu-se no sistema jurídico brasileiro um divisor de águas. A Constituição Federal de 1988 avança como resposta social às necessidades dos indivíduos, até então excluídos da tutela jurídica. A família permanece como base de sociedade civil, merecendo especial proteção estatal,[268] todavia altera sua essência, devendo apresentar-se de modo convergente com o Estado Social Democrático, tendo como princípio fundamental o da dignidade da pessoa humana.

Admite-se a pluralidade de formas, superando-se o modelo rígido patriarcal e transpessoal, altamente centrado no patrimônio. Afloram novos modelos, onde o afeto ganha relevância jurídica,[269] baseado numa renovação dos papéis do homem, da mulher e dos filhos. Enfim, a entidade familiar passa a ser um espaço privilegiado para a realização da dignidade de cada um de seus membros.[270]

---

[268] Artigo 226 da Constituição Federal.

[269] Pietro Perlingieri, *Perfis do Direito Civil – Introdução do Direito Civil Constitucional*, p. 244: "Sangue e os afetos são razões autônomas de justificação para o momento constitutivo da família,mas o perfil concensual e a *affectio* constante e espontânea exercem cada vez mais o papel de denominador comum de qualquer núcleo familiar." Também sobre o tema: Silvana Maria Carbonera, *O papel jurídico do afeto nas relações de família (passin)*; Luiz Edson Fachin, *Elementos críticos do Direito de Família*.

[270] Pietro Perlingieri, *Perfis do Direito Civil – Introdução do Direito Civil Constitucional*, p. 244: "O merecimento da tutela da família não diz respeito exclusivamente às relações de sangue, mas, sobre tudo àquelas afetivas que se traduzem em uma comunhão espiritual e de vida (...) Se o dado unificador

Estudos de Direito Civil – Constitucional
Volume 2

Para identificar o vínculo existente entre as alterações dos contornos familiares e as diretrizes do Direito, cumpre analisar a alteração na estrutura valorativa do ordenamento.[271] Neste sentido, Ricardo Aronne aponta a teoria da normatividade, a partir do caminho de densificação do sistema jurídico, onde se pode verificar sua unidade axiológica.

> "Os valores antecedem o conteúdo normativo principiológico ou regrativo trazendo ideário axiológico do sistema, de modo vinculante. Eles integram as normas, porém não são as normas jurídicas. Para análise, observe-se que a formação do sistema vigente se iniciou pela opção de seus valores de arrimo, no preâmbulo da Constituição, que positivou a solidariedade, o pluralismo, a justiça, a igualdade, a liberdade, entre outros, como valores supremos, na base do princípio estruturante, alimentando-o axiologicamente para dar-lhe sentido objetivo, de racionalidade intersubjetiva.
>
> A simples a simples alteração dos valores que cimentam o sistema influencia o sentido das normas de conteúdo mais concreto, como as que regulam os institutos de direitos reais limitados, pela comunicatividade da cadeia normativa em sua explicitação teleológica da unidade axiológica.
>
> O princípio estruturante, enfeixador dos valores constitucionalmente garantidos, densifica-se em princípios fundamentais, que se densificam em princípios gerais, passando-se aos especiais, em seguida aos especialíssimos, que se concretizam em regras, que ainda são concretizadas em normas individuais.

---

é a comunhão espiritual de vida, deve ser evidenciado como ela se manifesta em uma pluralidade de articulações, em relação aos ambientes e ao diverso grau sociocultural: da família nuclear sem filhos à grande família. Cada forma familiar tem uma própria relevância jurídica, dentro da comum função de serviço ao desenvolvimento da pessoa".

[271] Gustavo Tepedino, *A disciplina civil-constitucional das relações familiares*, p. 47-48.

O princípio estruturante é a norma de maior abstração do ordenamento, o qual no sistema vigente se constitui do princípio do Estado Social de Direito, diretamente decorrente dos valores positivados em enfeixador da integralidade dos mesmo, que haverão de se especificar no curso da concretização normativa".[272]

A Constituição fornece o norte para a interpretação de todo o sistema jurídico,[273] tendo elegido como princípio estruturante o Estado Democrático de Direito.[274] Tal princípio apresenta-se como o enfeixador dos valores constitucionais, revelando-se através dos princípios fundamentais, como a dignidade da pessoa humana, o acesso a uma ordem jurídica justa e a reserva legal.[275] Mais concretamente encontram-se os princípios gerais encarregados de densificar os princípios fundamentais, como no caso da publicidade, liberdade e igualdade.

---

[272] Ricardo Aronne. *Por uma nova hermenêutica dos direitos reais limitados*, p. 70-71.

[273] José Joaquim Gomes Canotilho, *Constituição dirigente e vinculação do legislador*, p. 11-12: "A simples afirmação da prevalência da Constituição sobre alei e a determinação da intensidade da vinculação jurídico-constitucional do legislador inserem-se num complexo problemático muito mais vasto, que vai desde a controvertida conciabilidade da 'lógica da constituição' de um Estado de Direito com a 'lógica da democracia' e desde a análise estrutural-material da 'densidade' e 'abertura' das normas constitucionais até a própria 'compreensão' da constitui- ção em si mesma. Com efeito, perguntar pela 'força dirigente' e pelo 'caráter determinante' de uma lei fundamental implica, de modo necessário uma indagação alargada, tanto no plano teorético-constitucional como no plano teorético-político, sobre a função e a estrutura de uma constituição."

[274] Paulo Luiz Netto Lôbo, *A repersonalização das relações familiares*, p. 57-58: "O Estado liberal,antípoda do Estado absolutista, é concebido no plano jurídico através da limitação do poder estatal e da legislação ao mínimo necessário. O advento do Estado liberal está intrinsecamente ligado à ascensão da burguesia ao poder econômico e político, tornando universal seu ideário de cidadania e dignidade humana da partir da liberdade de aquisição, domínio e transmissão da propriedade.
O Estado social retomou o processo intervencionístico do Estado absolutista, agora fundamentando-se não mais na vontade do príncipe , mas no ideário democrático do liberalismo matizado com as chagas do interesse social, variando da democracia social ao socialismo, independentemente da forma de exercício do poder político (democrático ou autocrático)".

[275] Ricardo Aronne. *Por uma nova hermenêutica dos direitos reais limitados*, p. 70-71.

Estudos de Direito Civil – Constitucional
Volume 2

Quando se transmuta o foco para a família, há necessidade de vislumbrá-la em conformidade com os valores e princípios estruturante e fundamentais erigidos na Carta Magna, a fim de aplicar o Direito sem perder de vista os inúmeros casos concretos que emergem de uma realidade cada vez mais plural.[276]

"No tempo em que a chamada unidade familiar padrão era formada de pai, mãe e filhos, os casais procuravam a Justiça para tratar de separação e, bem mais tarde, do divórcio. Nos últimos anos, a chamada unidade padrão desapareceu e os tribunais foram invadidos por um sem-número de casos novos. O padrasto entra com ação para conseguir da ex-mulher o direito de ver o enteado. Depois de morar juntos por vários anos, o rapaz move processo contra seu parceiro na disputa por um quinhão do patrimônio que construíram".[277]

Diante da chamada era das telecomunicações e informática, impuseram-se novas noções de tempo e espaço,[278] onde a diversidade ganha relevância. O reconhecimento jurídico de novas formas de constituição familiar deve atender às necessidades da realidade social.

Em 1988 reconhece-se a família monoparental,[279] como tal formada por um dos progenitores, ou alguém com vínculo paterno-afetivo, e a prole. Perlingieri afirma que a "família continua mesmo na presença de eventos que marcam a separação de alguns se seus

---

[276] Alexandre Paqualini, *Hermenêutica e sistema jurídico*, p. 123: "O método jurídio no seu núcleo mais íntimo, é mesmo tópico-sistemático: sistemático, à proporção em que se estrutura como totalidade hierarquizada de normas, princípios e valores jurídicos teleologicamente encadeados; tópicos à medida que a intrínseca indeterminação e abertura de tais normas, princípios e valores jurídicos oferecem, dentro e a partir do distema, várias e possíveis exegeses ou projetos de sistematização".

[277] Revista Veja on line, disponível em http://www2.uol.com.br/veja/230200/p_136.html

[278] Heloisa Helena Barboza, *O direito de família brasileiro no final do século XX*, p. 107.

[279] Artigo 226, § 4º da Constituição Federal.

componentes: por exemplo, os filhos que prosseguem a convivência com o cônjuge supérstie ou divorciado".[280] Apesar disso, a nova legislação civil adentra o cenário jurídico sem qualquer menção a esta espécie familiar, em flagrante descompasso com os fatos sociais.

Ganha relevância jurídica a família não fundamentada no matrimônio, indicando a Carta Magna no artigo 226, § 3°, a possibilidade de formação familiar embasada na união estável entre homem e mulher. A partir disso, "passaram doutrina e jurisprudência, despindo-se pouco a pouco dos preconceitos do passado, a procurar dar soluções às situações de fato que, unindo pessoas em vida comum, honrada e estável, careciam de disciplina jurídica".[281]

Verifica-se, por oportuno, que, com o advento da Constituição de 1988, entende-se superada a divergência outrora apontada pelos Tribunais acerca da prova da contribuição financeira de um dos conviventes para efeito de partilha.[282]

"UNIÃO ESTÁVEL. PRESSUPOSTOS. PARTILHA. CONTRIBUIÇÃO. Comprovada a união estável, que a Constituição erigiu ao patamar da entidade familiar, impõe-se, como conseqüência, a partição do cabedal havido durante a relação de vida. A jurisprudência superou a exigência da comprovação do esforço comum na aquisição do acervo, sendo a partilha encaminhada pela simples contribuição indireta. Apelação improvida".[283]

"UNIÃO ESTÁVEL. ALEGADA FALTA DE CONTRIBUIÇÃO À AQUISIÇÃO DE PATRIMÔNIO COMUM. Concubinato caracterizado. Superada a

---

[280] Pietro Perlingieri, *Perfis do Direito Civil – Introdução do Direito Civil Constitucional*, p. 244.

[281] Gustavo Tepedino, *Novas formas de Entidades Familiares: efeitos do casamento e da família não fundada no matrimônio*, p. 331.

[282] Conf. Capítulo 6 *supra*.

[283] TJRS, Ap. Cível n° 598413607, 7ª Câmara Cível, rel. Des. José Carlos Teixeira Giorgis, j. 07-4-99.

Estudos de Direito Civil – Constitucional
Volume 2

tese de que apenas o aporte financeiro, oriundo de atividade extra lar, gera direito à meação. Trabalho doméstico é contribuição relevante (...)".[284]

Na superação deste entendimento, tem papel de destaque a jurisprudência, antes mesmo de 5 de outubro de 1988. Como exemplo, a decisão do Tribunal de Justiça do Paraná:

"CONCUBINA – SOCIEDADE DE FATO. Companheiro desquitado que ao falecer vivera mais de quinze anos com a autora. filhos da união de fato reconhecidos e registrados pelo *de cujus*. O espolio como parte processual passiva legitima. Procedência da ação. Apelações improvidas. (1) A concubina tem direito a meação dos bens incorporados ao patrimônio do varão, desde que estes tenham sido adquiridos pelo esforço comum desempenhado do decorrer de ininterrupta sociedade de fato. (2) Nas labutas do cotidiano, – com sua constante presença de companheira e mãe, com seu estímulo e compreensão, com sua solidariedade e conforto afetivos, sua dedicação as tarefas domesticas, zelando pelas coisas do companheiro, seus filhos menores, anteriores e posteriores a união de fato, tratando a concubina da saúde e do bem-estar do companheiro, – garante a mulher a tranqüilidade do lar, a paz e a harmonia da família, propiciando a que o varão possa progredir e aumentar seus bens, suas riquezas. (3) Nisto esta a verdadeira sociedade de fato, calcada na vivencia em solidariedade, na labuta parelha, na comunhão de vida e de interesses, na intenção de fazer comuns os fracassos e as vitórias, as alegrias e as tristezas, o suor e as lágrimas, na tradução concreta de uma vida com prolongada, estável e de notória convivência *more uxorio*, refleti-

---

[284] TJRS, Ap. Cível nº 596011841, 8ª Câmara Cível, rel. Des. Eliseu Gomes Torres, j. 25-4-96.

da também no esforço comum pela aquisição de bens patrimoniais. Recursos Improvidos".[285]

Tendo em vista a eleição constitucional da dignidade da pessoa humana como princípio fundamental, aplicável de forma imediata,[286] merece reconhecimento, ainda, a entidade familiar formada por indivíduos do mesmo sexo, uma vez que para a efetiva realização da dignidade da pessoa humana (princípio que possui a função de concretizar o princípio estruturante do Estado Democrático de Direito), erguem-se os princípios gerais, como a igualdade e a liberdade, bem como o princípio especial da não-discriminação.[287] Disto decorre a necessidade de tutela jurídica no campo da entidade familiar[288] formada por indivíduos do mesmo sexo, uma vez

---

[285] TJPR, Ap. Cível nº 0000001648 , 1ª Câmara Cível, rel. Des. Oto Sponhoiz, j. 09-08-88.

[286] Ingo Wolfgang Sarlet, *A Constituição concretizada – Construindo pontes entre o público e o privado*, p. 108: "Nesta linha de raciocínio, verifica-se, desde logo, que, de acordo com a vontade expressa de nosso Constituinte, as normas definidoras de direitos e garantias fundamentais têm aplicação imediata (art. 5º, § 1º da Constituição de 1988), o que, por si só, já bastaria para demonstrar o tratamento diferenciado (e privilegiado) que os direitos fundamentais reclamam no âmbito das relações entre Constituição e Direito Privado."

[287] Sobre não-discriminação, vide texto resultante do Momento Nacional, referente à 3ª Semana Social Brasileira da CNBB "Em nossa *"Carta ao Povo Brasileiro"*, assumimos as motivações mais profundas que nos lançam a identificar as raízes das dívidas sociais, a buscar pistas de resgate e a assumir compromissos, deixando claro que o Momento Nacional é apenas uma etapa de um processo maior para a construção de um novo País, caracterizado pelas práticas da inclusão e da vigência dos valores fundamentais à existência humana e cósmica. Dentre as motivações, destacamos a *'fé cristã, que nos faz remover as montanhas da indiferença e da ignorância, atendendo aqueles que têm sede e fome de justiça'.* No item específico sobre não-discriminação: "2. 6. Discriminações: desconstruir o imaginário dominante que discrimina, silencia, deturpa e faz com que introjetemos visões preconceituosas sobre o negro, a mulher, o índio, os portadores de deficiência, os desempregados, os ciganos, os homossexuais, os travestis e as novas categorias de discriminados que estão emergindo. (http://www.cnbb.org.br/setores/psocial/ps3ssbMomNacionalMemoria.rtf – capturado em 12.01.2003)

[288] "Relações Homossexuais. Competência da vara de família para julgamento de separação em sociedade de fato. A competência para julgamento de separação de sociedade de fato de casais formados por pessoas do mesmo sexo, e das varas de família, conforme precedentes desta câmara, por não ser possível qualquer discriminação por se tratar de união entre homossexuais, pois e certo que a Constituição Federal, consagrando princípios democráti-

---

Estudos de Direito Civil – Constitucional
Volume 2

que o sistema jurídico, num viés constitucional, embasa-se em valores que reconhecem à pessoa humana garantias contra qualquer forma de exclusão.

O silêncio legislativo é eloqüente, fala o que na cultura jurídica clássica ainda não se quis assumir – que em matéria de união entre indivíduos do mesmo sexo, sobrexiste o preconceito e o medo social de incentivar condutas tidas por muitos por desaconselháveis. No entanto, olvidam-se que a realidade existe e vendar os olhos ou enxergá-la, não a modificará.

Com o silêncio, demonstram desprezo pelo fato de que acima das normas ordinárias está a teia axiológica determinada pela Constituição Federal de 1988, trazendo a opção sexual, a igualdade e o direito de ter família como densificadores do princípio da dignidade de qualquer ser humano.

Em que pese o silêncio doutrinário e legislativo acerca da matéria, e a situação fática discriminatória é encontrada na maioria dos pronunciamentos judiciais.[289] Fato é que "a convivência estável de pessoas do mesmo sexo tem encontrado as porta fechadas pela sintomatologia da manutenção de princípios cujos resultados não são eqüidosos nem justos".[290]

Neste silêncio eloqüente da doutrina, legislação e jurisprudência, alça vôos de contemporaneidade o Tribunal de Justiça do Rio Grande do Sul, ao reconhecer a legitimidade das Varas de Família na solução de litígios

---

cos de direito, proíbe discriminação de qualquer espécie, principalmente quanto a opção sexual, sendo incabível, assim, quanto a sociedade de fato homossexual. conflito de competência acolhido." (CCO n° 70000992156, Oitava Câmara Cível, TJRS, Relator: Des. José Ataides Siqueira Trindade, julgado em 29/06/2000)

[289] "Sociedade de fato. Declaração de existência e dissolução de sociedade de fato entre homossexuais. Necessária para sua caracterização a prova inequívoca da contribuição dos sócios para a formação do patrimônio da sociedade. A comunhão de interesses, de natureza econômica, exteriorizado pelo esforço que cada qual realiza, visando a criação de um patrimônio e', e não a conotação sexual da relação, que é relevante para a configuração da sociedade de fato. Incomprovada a sociedade de fato. Provimento do apelo". (GAS) (Apelação Cìvel n° 1997.001.08084, Primeira Câmara Cível, TJRJ, Relator: Des. Paulo Sérgio Fabião, julgado em 01/12/1998).

[290] Luiz Edson Fachin, *Aspectos jurídicos da união de pessoas do mesmo sexo*, p. 119.

decorrentes da união entre indivíduos do mesmo sexo. Posição vanguardista, amparada pelos precedentes fundamentados em valores como o direito à identidade pessoal e à não-discriminação.

O acórdão que julgou a apelação cível n° 593110547, em matéria referente à alteração de registro civil, aponta a necessidade de respeito e tutela jurídica a qualquer ser humano, *in verbis:*

> "É preciso, inicialmente, dizer que homem e mulher pertencem à raça humana. Ninguém é superior. Sexo é uma contingência. Discriminar um homem é tão abominável como odiar um negro, um judeu, um palestino, um alemão ou um homossexual. As opções de cada pessoa, principalmente no campo sexual, hão de ser respeitadas, desde que não façam mal a terceiros. O direito à identidade pessoal é um dos direitos fundamentais da pessoa humana. A identidade pessoal é a maneira de ser, como a pessoa se realiza em sociedade, com seus atributos e defeitos, com suas características e aspirações, com sua bagagem cultural e ideologia, e o direito que tem todo o sujeito de ser ele mesmo(...) Para dizer assim, ao final: se bem que não é ampla nem rica a doutrina jurídica sobre o particular, é possível comprovar que a temática não tem sido alienada para o Direito vivo, quer dizer para a jurisprudência comparada. Com efeito, em Direito vivo tem sido buscado e correspondido e atendido pelos juízes na falta de disposições legais e expressas".[291]

Além disso, reforça a idéia de igualdade entre homem e mulher, que traz por conseqüência alteração substancial na esfera familiar. "A sociedade conjugal deixou de ter um chefe, extinguindo-se qualquer resquício patriarcal",[292] e a mulher deixou de ocupar a função

---

[291] APC n° 593110547, Terceira Câmara Cível, TJRS, Relator: Des. Luiz Gonzaga Pila Hofmeister, julgado em 10/03/1994.

[292] Heloisa Helena Barboza, *O direito de família brasileiro no final do século XX*, p. 104.

de colaboradora do marido para assumir papel conjunto na direção diárquica da família.[293]

Encerrando o período onde os olhos permaneciam voltados ao patriarcado, o relacionamento entre todos os membros da família sofreu transformações para voltar-se à realização dos interesses de seus indivíduos, numa concepção eudemonista, apresentando-se "como o lugar do desenvolvimento da personalidade de seus membros, como perseguidora da realização pessoal, esfera de intimidade e afetividade entre as pessoas".[294]

Entra em cena um outro interlocutor no ambiente familiar. O menor até então presente na família como meio de produção ou perpetuação da espécie ganha relevância no contexto afetivo. Declara-se a igualdade entre os filhos,[295] inclusive no que tange aos direitos decorrentes da filiação, implicando a análise do interesse do menor,[296] que, juridicamente, tem o bem-estar assegurado em primeiro lugar nas decisões judiciais.[297] Neste sentido, o Estatuto da Criança e do Adolescente[298] determina que a criança deva "se inserir na relação familiar como protagonista do próprio processo educacional",[299] visando ao melhor desenvolvimento de sua personalidade.

Por esta linha segue a jurisprudência, reconhecendo a prevalência da situação fática sobre o assento registral, em acórdão que visa o interesse da criança, *in verbis:*

---

[293] Artigo 226, § 5º, da Constituição Federal.

[294] Ana Carla Harmatiuk Matos, na obra *As Famílias não Fundadas no Casamento e a Condição Feminina*, p. 105-106, explicita, através das colocações de Jacques Leclerq, *As grandes linhas da filosofia moral*. São Paulo: Ed. Herder e Ed. da USP, 1967. p. 74-75, que a concepção de eudemonismo está relacionada com a moral utilitarista grega, na qual o homem procura ser feliz, sendo esta a finalidade da vida.

[295] Artigo 227, § 6º, da Constituição Federal.

[296] Caitlin Sampaio Mulholland, *O melhor interesse da criança: um debate interdisciplinar*, p. 253-259.

[297] Gustavo Tepedino, *Premissas metodológicas para a constitucionalização do Direito Civil*, p. 17; Antonio Junqueira de Azevedo, *O Direito Civil tende a desaparacer?* p. 17.

[298] Lei nº 8.069, de 13/07/1990.

[299] Gustavo Tepedino, *Premissas metodológicas para a constitucionalização do Direito Civil*, p. 17.

"Registro Civil. Declaração de terceiro indicando a maternidade. convalidação. Embora não formalizado pela mãe registral, o registro civil restou por esta convalidado, tendo reconhecido perante todos a maternidade, trazendo a convicção de que se configurou uma adoção simulada. O interesse prevalente no caso e o da infante, que se viu amparada e recebida como filha, sendo dispensável a alteração do registro diante do princípio da igualdade jurídica entre os filhos, qualquer que seja a natureza da filiação. Embargos desacolhidos".[300]

O conjunto de mudanças dentro do espaço familiar não significou, nem quer significar, a degradação do matrimônio, ou da família. A caminhada se dá na busca pela superação do modelo excessivamente rígido e excludente que se operou no século XIX, para a construção do lar que ofereça "num mundo duro, um abrigo, uma proteção, um pouco de calor humano".[301]

Toda a alteração na estrutura social e, por conseqüência, axiológica do sistema trouxe ao universo jurídico dois novos elementos em matéria de família: o afeto e a função serviente da família. A família existe enquanto local onde persiste a reciprocidade. Ganha importância a disposição contida no art. 229 da Carta Magna, uma vez que atribui aos filhos o dever de amparo aos pais.[302] As disposições constitucionais criam direitos e estabelece deveres aos sujeitos, como exemplo está a propriedade vinculada à função social,[303] bem como a tutela estatal

---

[300] EMI n° 599439015, Quarto Grupo de Câmaras Cíveis, TJRS, Relator: Des. Sergio Fernando de Vasconcellos Chaves, julgado em 08/10/1999.

[301] Michelle Perrot, *O nó e o ninho*, p. 81.

[302] Destaca-se, neste ponto a urgência social referente à proteção ao idoso e a norma estabelecida no art. 230 da CF. Neste sentido, a Campanha da Fraternidade do ano de 2003, – atividade realizada pela Conferência Nacional dos Bispos do Brasil –, cujo tema é Fraternidade e Pessoas idosas, demonstando a iniciativa de determinados setores sociais em prol da proteção das pessoas idosas. (http://www.cnbb.org.br/cf/cf-temas.html).

[303] No que tange à propriedade e sua função social, Ricardo Aronne, *Propriedade e Domínio: reexame sistemático das noções nucleares de direitos reais*. Rio de Janeiro: Renovar, 1999.

pelo bem-estar do menor que após, deverá amparar os pais.

Houve uma alteração do papel do afeto dentro da comunidade familiar. Enquanto na família patriarcal sua presença era presumida, em razão do vínculo jurídico existente, na família eudemonista talvez seja a *affectio* um dos elementos de maior relevância para a formação e continuidade do vínculo familiar.[304]

Contemporaneamente, a família extrapola os limites impostos por qualquer moldura solidificada pela codificação, seja ela oitocentista ou atual. Não lhe cabem mais normas que refletem valores arcaicos, com aplicabilidade ou preocupação incoerentes com o sistema constitucionalmente assegurado. Impõe-se a leitura dos dispositivos atinentes ao Direito Civil em um viés da personalidade,[305] na busca por superar a ética patrimonialista que marcou o espírito do legislador do Código de 1916 e também o legislador atual.

Na realidade, deve-se aplicar as normas jurídicas em conformidade com o princípio fundamental da dignidade da pessoa humana, uma vez que o destinatário das normas do ordenamento jurídico é o indivíduo que respira, sente e convive em sociedade.[306]

---

[304] Silvana Maria Carbonera, *O papel jurídico do afeto nas relações familiares*, p. 309.

[305] Ricardo Aronne, *Por uma nova hermenêutia dos direitos reais limitados*, p. 88: "O compromisso transformador, que é inerente à idéia de Estado Social e Democrático de Direito, publiciza o Direito Civil, com vistas à sua 'repersonalização', pelos mecanismos normativos do sistema, na noção contemporânea traçada, ampliando o interesse recebido nas titularidades, com vistas a sua funcionalização, na condição de meio de concretização dos valores constitucionalizados".

[306] Neste sentido, a expressão *indivíduo que respira, sente e convive em sociedade* representa a contraposição ao sujeito codificado, cuja realização se dava através do ter e não do ser. Jussara Meirelles, *O ser e o ter na codificão civil brasileira*.

# 9. Conclusão

A família oitocentista, transpessoal hierarquizada e matrimonializada alterou-se em estrutura e substância, mediante os avanços sociais e a nova disciplina de suas relações no âmbito do sistema jurídico, que vieram a ser consagradas pela Constituição Federal.

O caminho percorrido pelo Direito Civil nesta trajetória de mudança está intimamente vinculado ao papel do Estado, que, vencendo os grilhões do liberalismo, passa a intervir de forma direta nas relações interprivadas, de modo a assegurar o Estado Social Democrático de Direito.

A Constituição Federal assumiu a direção de matérias anteriormente exclusivas do Direito Civil, impondo os novos contornos axiológicos para o sistema jurídico. À medida que estas alterações vão tomando forma, os pilares e paradigmas eleitos pelo Direito Civil clássico vão cedendo espaço às novas estruturas, fundamentadas em valores de igualdade material e liberdade individual, ambas num mesmo patamar de compreensão.

Neste sentido, a análise do direito de família, hodiernamente, perpassa pelo viés da constitucionalização da repersonalização das relações familiares, pois migrou-se de um sistema centrado em valores burgueses, liberais, voltados para o patrimônio, para outro, calcado na dignidade do ser humano amalgamado nos valores constitucionais.

Com o deslocamento do eixo central do ordenamento jurídico para a Constituição Federal, passa-se a exigir do aplicador do Direito uma exegese que aponte teleologicamente aos valores constitucionais, superando, inclusive qualquer dispositivo da nova codificação que esteja em desconformidade com os valores elencados.

Assim, em matéria de família, impõe-se a observação da pluralidade de formas de constituição, não apenas porque a Carta de 1988 reconheceu como entidade familiar outros modos constitutivos que não aquele matrimonializado, mas também pelo fato de que o ser humano deve ser preservado enquanto indivíduo e ser social.

Seguindo as bases axiológicas impostas pela Carta Magna, o direito à vida em família está para indivíduo, assim, como a preservação do patrimônio estava para ele quando da concretização dos ideais liberais. Logo, pertencer a uma família é um direito tão essencial quanto outrora era a tutela patrimonial.

Exsurge a necessidade uma nova interpretação em matéria de direito de família, a fim de garantir a aplicabilidade dos preceitos constitucionais de modo a atingirem as relações interprivadas. Para isso, a igualdade ganha relevância dentro da estrutura familiar, pois a chefia exclusiva do marido, ou com a colaboração da mulher dá espaço à diarquia, com a eliminação de qualquer forma hierárquica. Tal eleição normativa alterou substancialmente as bases familiares, pois as decisões outrora vinculadas ao poder patriarcal encontram guarida em um sistema mais eqüânime.

Em linha semelhante de raciocínio está a liberdade, outrora vinculada ao poder individual sobre os bens, sem intervenção do poder político, apresentando um caráter patrimonialista. Em um viés constitucionalizado, liberdade na família traz por premissa dois aspectos, liberdade de formar ou desconstituir a família e a liberdade dentro da própria entidade familiar.

Ambos os aspectos vinculam-se à idéia contemporânea de família eudemonista, assentada na realização de cada integrante, respeitando-se a individualidade dos demais, na busca da cooperação mútua. Deste modo, separar ou permanecer unido é uma opção individual vinculada à realização de cada membro, não podendo o Estado intervir para obrigar uma convivência não mais desejada. O indivíduo tem liberdade de ser ele mesmo dentro de sua família, com seus valores e vicissitudes, restando vedada qualquer espécie de discriminação.

Aos filhos, foi reconhecido o direito de ser, sem adjetivações depreciativas ou conseqüências em razão de fatos externos à sua própria existência, como outrora ocorrera com o regime de parentesco codificado. Além disso, à prole, cumpre o dever de assistência e amparo aos pais, espelhando o espírito de colaboração que se assenta no interior de qualquer espécie familiar.

A preocupação patrimonial deu lugar à repersonalização, impondo uma nova leitura dos institutos trazidos pelo Novo Código Civil, que assentou-se sobre as mesmas bases do Código Civil de 1916. Axiologicamente, o sistema é outro, por isso, não lhe cabe mais a inspiração oitocentista, rígida, fechada.

Importa ao aplicador do Direito muito mais o conteúdo do que a forma, mais o ser do que o ter, mais os valores do que as regras preestabelecidas. Ao jurista cumpre um papel essencial na passagem da visão codificada de família – ainda que trazida em norma posterior a 1988 –, para uma visão constitucional, à medida que é através dele que o sistema jurídico toma contato com a vida.

Estudos de Direito Civil – Constitucional
Volume 2

# Referências bibliográficas

ALGRANTI, Leila Mezan. *Famílias e vida doméstica*. In SOUZA, Laura de Mello. (org.). História da vida privada: cotidiano e vida privada na América portuguesa. São Paulo: Companhia das Letras, 1997.

AMARAL, Francisco. *Racionalidade e sistema no Direito Civil brasileiro*, Separata de: O Direito. Rio de janeiro, 1994. a. 126, v.1-2.p.63-81.

ARANOVICH, Rosa Maria de Campos. Incidência da Constituição no Direito Privado: *Revista da Procuradoria-Geral do Estado do Rio Grande do Sul*. Porto Alegre, 1994. n. 22 (50). p. 47-58.

ARAÚJO, Silvia Maria de. *As várias faces da Ideologia*. In: Para Filosofar. São Paulo: Scipione, 1995.

ARIÈS, Philippe. *História Social da Criança e da Família*. 2. ed., Rio de Janeiro: Guanabara, 1981.

ARONNE, Ricardo. *Por uma nova hermenêutica dos direitos reais limitados*. Rio de Janeiro: Renovar. 2001.

———. *Propriedade e domínio: reexame sistemático dasnoções nucleares de direitos reais*. Rio de Janeiro: Renovar. 1999.

ARRUDA, José Nelson de; PILETTI, Nelson. *Toda a História*: história geral e história do Brasil. São Paulo: Ática, 1995.

AZEVEDO, Álvaro Vilhaça de. *Do concubinato ao casamento de fato.*Belém: CEJUP, 1987.

AZEVEDO, Antônio Junqueira. O Direito Civil tende a desaparecer? *Revista dos Tribunais*. São Paulo, 472, p. 15-31, fevereiro, 1975.

BARBOZA, Heloisa Helena. *O direito de família brasileiro no final do século XX*. In BARRETO, Vicente [org]. A nova família: problemas e perspectivas. Rio de Janeiro: Renovar, 1997.

BARRETO, Vicente [org.]. *A nova família: problemas e perspectivas*. Rio de Janeiro: Renovar, 1997.

BENI DOS SANTOS, B. *A concepção personalística do Matrimônio e a "Humanae Vitae"*. Petrópolis: Vozes. 1968. n. 11. nov.

BEVILAQUA, Clóvis. *Direto da Família*. 8. ed., Rio de Janeiro: Freitas Bastos. 1956.

BOBBIO, Norberto. *Teoria do Ordenamento Jurídico*. Brasília: Editora Universidade de Brasília, 1997.

CANARIS, Claus-Wilhelm. *Pensamento sistemático e conceito de sistemana ciência do direito*. Trad. A. Menezes Cordeiro. Lisboa: Fund. Calouste Gulbenkian, 1989.

CANOTILHO, José Joaquim Gomes. *Constituição dirigente e vinculação do legislador*. Coimbra: Coimbra Editora Limitada, 1994.

CARBONERA, Silvana Maria. *O papel jurídico do afeto nas relações de família*. In FACHIN, Luiz Edson. *Repensando os Fundamentos do Direito Civil Contemporâneo*. Rio de Janeiro: Renovar, 1998.

CARVALHO, Orlando. *A teoria geral da relação jurídica – seu sentido e limites*. 2. ed. Coimbra: Centelha. 1981.

CHÊNE, Christian. História da codificação no Direito francês. *Revista Trimestral de Direito Civil*. Rio de Janeiro: Padma, RTDC, n.1, p. 139-149, abr-jun, 2000.

CONFERÊNCIA NACIONAL DOS BISPOS DO BRASIL. Disponível em http://www.cnbb.org.br/setores/ psocial/ps3ssbMomNacionalMemoria.rtf. Acesso em:10de janeiro de 2003.

COMAILLE, Jacques. Direito e costumes ou o surgimento de um modelo de ilegitimidade recíproca. In BARRETO, Vicente [org]. *A nova família: problemas e perspectivas*. Rio de Janeiro: Renovar, 1997.

CORRÊA, Mariza. *Repensando a família patriarcal brasileira*. In ARANTES, Antônio Augusto. [ et.al.]. Colcha de Retalhos. Estudos sobre a família no Brasil. 3. ed., Campinas: Editora da UNICAMP, 1994.

COTRIM, Gilberto. *História e consciência do Brasil: da Independência até os dias atuais*. São Paulo: Saraiva. 1992.

FACHIN. Luiz Edson. A Reforma no Direito Civil Brasileiro: Novas notas sobre um velho debate no Direito Civil. *Revista dos Tribunais*, São Paulo, RT, n° 757, p.64-69, 1998.

———. *Estabelecimento da filiação e paternidade presumida*. Porto Alegre: Fabris, 1992.

———. *Limites e possibilidades da nova teoria geral do Direito Civil. Estudos Jurídicos*, Curitiba: Universitária Champagnat, v.2, n° 1, p. 101-109, 1995.

———. *Elementos Críticos do Direito de Família*. Rio de janeiro: Renovar, 1999.

———. *Estado, posse e propriedade: do espaço privado à função social*. Texto não publicado. Curitiba, 1996.

———. *Repensando os fundamentos do Direito Civil Brasileiro Contemporâneo*. Rio de janeiro: Renovar, 1998.

———.Um projeto de Código Civil na contramão da Constituição. *Revista Trimestral de Direito Civil*. Rio de Janeiro: Padma, RTDC, vol. 4, p. 243-263, out-dez, 2000.

FACHIN, Rosana Amara Girardi. *Em busca da família do novo milênio*. Uma reflexão crítica sobre as origens históricas e as perspectivas do Direito de Família brasileiro contemporâneo. Rio de Janeiro: Renovar, 2001.

FREITAS, Juarez. *A interpretação sistemática do direito*. São Paulo: Malheiros, 1998.

GOBO, Edenilza. *O paradigma da culpa preservado pelo Novo Código Civil*. Síntese Jornal: Editora Síntese, Ano 6. N° 68, outubro 2002.p. 10-11.

GOMES, Orlando. *Raízes históricas e sociológicas do Código Civil brasileiro*. Salvador: Progresso, 1958.

——. *O novo direito de família*. Porto Alegre: Sergio Antonio Fabris Editor, 1984.

GUIMARÃES, Luís Paulo Cotrim. O direito de visitação do pai não biológico. *Revista Trimestral de Direito Civil*. Rio de Janeiro: Padma, RTDC, n°.1, p. 95-102, jan-mar, 2000.

HOLANDA. Sérgio Buarque de. *Raízes do Brasil*. 26. ed., São Paulo: Companhia das Letras, 1995.

MARTINS-COSTA, Judith. *A reconstrução do Direito Privado*. São Paulo: Revista dos Tribunais, 2002.

MATOS, Ana Carla Harmatiuk. *As famílias não fundadas no casamento e a condição feminina*. Rio de Janeiro: Renovar, 2000.

PEREIRA, Rodrigo da Cunha. *Direito de Família Contemporâneo*, Belo Horizonte: Del Rey, 1997.

SARLET, Ingo Wolfgang. *Direitos Fundamentais e Direito Privado*: algumas considerações em torno da vinculação dos particulares aos direitos fundamentais. In SARLET, Ingo Wolfgang, *A Constituição Cooncretizada*. Porto Alegre: Livraria do Advogado, p. 107-163, 2000.

JÚNIOR, Caio Prado. *História econômica do Brasil*. 10. ed., São Paulo: Brasiliense, 1967.

LÔBO, Paulo Luiz Netto. A repersonalização das relações de família, In BITTAR, Carlos Alberto. *O Direito de Família e a Constituição de 1988*. São Paulo: Saraiva, 1989. p.64.

——. Constitucionalização do direito civil. *Revista de Informação Legislativa*. Brasília. jan./mar. 1999. a. 36, n. 141. p. 99-109.

——. *Princípio jurídico da afetividade na filiação*. Disponível em http://www.jus.com.br/doutrina/afetfili.html, acesso em 26.06.01.

LIRA, Ricardo Pereira. Breve análise sobre as entidades familiares. In BARRETO, Vicente [org]. *A nova família: problemas e perspectivas*. Rio de Janeiro: Renovar, 1997. p.25-45.

MEIRELES, Jussara. O ser e o ter na codificação civil brasileira: do sujeito virtual à clausura patrimonial. In FACHIN, Luiz Edson. *Repensando os Fundamentos do Direito Civil Contemporâneo*. Rio de Janeiro: Renovar, 1998. p.87-114.

MIRANDA, Pontes de. *Tratado de Direito Privado*. 3. ed., Tomo VII. Rio de Janeiro: Editor Borsoi. 1971.

MORAES, Maria Amália Dias de. A Constituição e o Direito Civil. *Revista da Procuradoria Geral do Estado do Rio Grande do Sul*.Porto Alegre: Inst. Informática Jurídica, n° 48, p.45-54, 1993.

MORAES, Maria Celina Bodin de. A caminho de um Direito Civil Constitucional. *Revista de Direito Civil*, São Paulo, 1993. n. 65. p. 21-32.

——. A união entre pessoas do mesmo sexo: uma análise sob a perspectiva civil-constitucional *Revista Trimestral de Direito Civil*. Rio de Janeiro: Padma, RTDC, n°.1, p. 89-112, jan-mar, 2000.

MOTA, Carlos Alberto Pinto. *Teoria geral do Direito Civil*. 2. ed., Coimbra: Coimbra Editora, 1983. p. 216.

MULHOLLAND, Caitlin Sampaio. *Revista Trimestral de Direito Civil*. Rio de Janeiro: Padma, RTDC, n.1, p. 253-259, jan-mar, 2000.

PASSOS, Apoenã Rosa. *A aplicação das normas e principios constitucionais de Direito Civil*. Disponível em http://www.jus.com.br/doutrina/princciv.html, acesso em 20.04.01.

PASQUALINI, Alexandre. Sobre a Interpretação Sistemática do Direito. *Revista do Tribunal Reional Federal da 1ª Região*, Brasília, out./dez. 1995, n. 7(4). p. 95-109.

——. *Hermenêutica e sistema jurídico* – Uma introdução à interpretação sistemática do Direito. Porto Alegre: Livraria do Advogado, 1999.

PERLINGIERI, Pietro. *Perfis do Direito Civil: introdução ao Direito Civil Constitucional*. Rio de Janeiro: Renovar, 1999.

PERROT, Michelle [org]. *História da vida privada: da Revolução Francesa à Primeira* Guerra. São Paulo: Companhia das Letras, 1992. v.4.

——. O nó e o ninho. *Veja 25 anos*: Reflexões para o futuro. São Paulo: Abril, 1993. p. 75-81

REALE, Miguel. *O Novo Código Civil e seus críticos*. Disponível em www1.jus.com.br/doutrina/texto.asp?id=2711, acesso em 15.01.03

——. Linha evolutiva da teoria tridimensional do direito. *Revista da Faculdade de Direito de São Paulo*, v. 88, 1993.

RIVERA, Julio César. El derecho privado constitucional. *Revista dos Tribunais*, São Paulo, RT, n° 752, p.11-28, 1996.

——. *Estabelecimento da filiação e paternidade presumida*. Porto Alegre: Fabris, 1992.

SAMARA, Eni de Mesquita. Patriarcalismo, família e poder na sociedade brasileira (séculos XVI – XIX). *Revista Brasileira de História*. São Paulo: ANPUM/ Marco Zero, vol.11, n°22 – março/agosto 1991.

SLUZKI, Carlos E. *Trabalhando em redes*. Buenos Aires: Nueva Visón, 1997.

SOBRINHO, Joaquim Lustosa. A evolução social da mulher. *Revista de Informação Legislativa*. Brasília. out./dez. 1987. a. 24, n. 96. p. 303-314.

TEPEDINO, Gustavo. *Temas de Direito Civil*. Rio de Janeiro: Renovar, 1999.

——. O Código Civil, os chamados microssistemas e a Constituição: premissas para uma reforma legislativa. In TEPEDINO, Gustavo [coordenador]. *Problemas de Direito Civil-constitucional*. Rio de Janeiro: Renovar. 2000.

VARELA, Antunes. *Direito da Família*, v. 1. 3. ed. Lisboa: Petrony, 1993.

VILLELA, João Baptista. *Liberdade e Família*. Belo Horizonte: Movimento Editorial da Faculdade de Direito de UFMG. 1980.

——. O casamento e família na futura Constituição brasileira: a contribuição alemã. *Revista de Informação Legislativa*. Brasília. out./dez. 1987. a. 24, n. 96. p. 291-314.

WIEACKER, Franz. *História do Direito Privado Moderno*. 2. ed. Lisboa: Calouste Gulbenkian, 1993.

ZAMBERLAM, Cristina de Oliveira. *Os Novos Paradigmas da Família Contemporânea* – Uma perspectiva interdisciplinar. Rio de Janeiro: Renovar, 2001.

# II

# Família, Entidade Familiar e União de Indivíduos do mesmo Sexo

FELIPE PASTRO KLEIN

# 1. Introdução

> "Nada aprendi sem que tenha partido, nem ensinei ninguém sem convidá-lo a deixar o ninho... Porque não há aprendizado sem exposição".
>
> *Michel Serres*
> (Filosofia mestiça; le tiers-instruit)

A jurisprudência, ainda que vacilante, aponta para o reconhecimento dos fatos, aproximando a norma do fenômeno social. Assim sendo, o fato de haver relações entre indivíduos do mesmo sexo, com finalidade socioafetiva, igualmente, entra na esteira do reconhecimento pelo ordenamento jurídico. Importa, para concretização deste reconhecimento, analisar o desenvolvimento da família como núcleo de vida em comum.

A concepção de família no decorrer da história sofreu constantes alterações, sendo contemporaneamente para o Direito, um núcleo de desenvolvimento do ser enquanto pessoa humana, *locus* de aprendizado, de crescimento e de participação. Este novo modelo familiar somente existe na justa medida da sua instrumentalidade, enquanto caminho para a afetividade, e pela afetividade.

Neste viés, seguindo uma análise sistemático-interpretativa, engajada em concretizar os valores fundamentais de um Estado Social de Direito, sem qualquer preconceito ou discriminação, coloca-se a premente questão do reconhecimento da união de indivíduos do mesmo sexo como ente familiar.

Demonstrar a mudança na estrutura do pensamento da família, com objetivo de reconhecer o alargamento da visão da relação familiar e a possibilidade de estabelecimento de outras formas familiais que não aquelas prescritas pelo ordenamento, através de uma exegese constitucional em consonância com valores que ora se apresentam, tendo a dignidade da pessoa humana como apogeu de todo o ordenamento jurídico, constitui-se proposta para este trabalho.

Tendo por premissa que os fatos se impõem ao Direito, e que este deve aproximar-se do fenômeno social como forma de tutela ao indivíduo, não permitindo a exclusão como meio de perpetuação de preconceitos e interesses coorporativos, procurar-se-á estudar o desenvolvimento do modelo familiar, em direção à sua funcionalidade, considerando a expressão teleológica que nutre o sistema, enquanto conjunto valorativo aberto.

É no desvelo dos direitos fundamentais do Estado Social e na releitura dos institutos do Direito Civil, em especial a família, repersonalizando-a à luz da Constituição Federal, em exercício hermenêutico-axiológico, que se dará sentido diverso daquele oriundo do pensamento liberal burguês, traduzido em um Direito Civil clássico, expresso pela codificação privatista, de cunho excludente e ótica patrimonialista, onde o sujeito era representado nas suas titularidades e estereotipado pelos conceitos.

Na medida em que se estabelecem dois caminhos, sendo o primeiro pela repersonalização da família enquanto constitucionalização do afeto, e um segundo pelo reconhecimento de outros modelos familiares embasados nos mesmos valores finalísticos, encontra, na leitura sistemática das normas, ponte para receber uma relação afetiva em consonância com os objetivos propostos pelo legislador constituinte.

Fundamental é localizar a família oitocentista codificada, e a visão patrimonialista ainda vigente do Código Civil, formalizada pela Escola da Exegese, à sua época, não pretendendo dar vigência aos seus princípios na atualidade, relegando ao passado a pretensa completude das normas e leitura excludente do sistema.

Aliás, demonstra a exclusão do sistema o simples silêncio contido nesta nova norma legal – novo Código Civil –, acerca da União de Indivíduos do Mesmo Sexo, o qual, apesar de ratificar a carga axiológica constitucional expressamente, contraria princípios fundamentais e valores exponenciais da Constituição de 1988, pois traz em seu bojo a arcaica e ultrapassada visão patrimonialista existente nas codificações do século XIX.

Deve-se permitir a receptividade dos parâmetros contemporâreos da estrutura familiar, permitindo, sob a égide da igualdade material e formal, da liberdade do ser e da dignidade concretizada, a busca da razão maior da existência humana e o encontro da esperada felicidade.

É na leitura sistemática das normas, emprestada à família, que se pretende concretizar neste texto, ao menos naquilo em que tal contribuição possa servir, uma compreensão atual, constitucionalizada e despreconceitualizada da relação de indivíduos do mesmo sexo, como entidade familiar.

## 2. Do Código Civil à Constituição – o Direito em mutação

A nova ordem socioeconômica imposta pela Constituição Federal de 1988 trouxe um processo de acentuadas transformações para o Direito Civil pátrio, que migrou, e deve migrar, de um estatuto essencialmente patrimonialista para a tutela do homem enquanto ser. Este caminho pode ser delimitado na origem, como marco inicial, pela publicação do Código Civil de 1916 e, ao cabo, pela promulgação da Carta Constitucional de 1988.[1]

Setenta e dois anos separam estes limites, representando, todavia, uma profunda alteração na estrutura social, política e filosófica do país, a qual o Direito não pode de forma alguma ignorar. Aliás, são as palavras de Pietro Perlingieri:

> "O estudo do direito – e, portanto, do direito tradicionalmente definido 'privado' – não pode prescindir da análise da sociedade na sua historicidade local e universal, de maneira a permitir a individualização do papel e do significado da juridicidade na unidade e na complexidade do fenômeno social. O Direito é fenômeno social que precisa de cada vez maiores aberturas; necessariamente sensível a qualquer modificação da realidade, entendida na sua mais ampla acepção".[2]

---

[1] Cabe destacar que o novo Código Civil brasileiro apresenta poucas inovações principiológicas se comparado ao de 1916. Aliás, infelizmente, apresenta retrocesso na aplicação dos princípios fundamentais inseridos na Carta Magna de 1988, motivo pelo qual deixa-se de inseri-lo como marco evolutivo para o Direito Civil.

[2] *Perfis do direito civil*, p 1.

O Direito sofreu substanciais alterações nos últimos dois séculos, acompanhando todas as transformações sociais, políticas e filosóficas. Para analisar a passagem do Direito Civil patrimonializado, em conformidade com a Escola Pandectista,[3] e existente quando da codificação em nosso ordenamento jurídico, tendo como expressão nacional o Código Civil de 1916, até esta nova realidade que se apresenta com um Direito Civil constitucionalizado,[4] em consonância valorativa com os princípios de um Estado Social, mister se faz considerar o período histórico e, principalmente, filosófico de tais codificações.

O Código Civil brasileiro de 1916,[5] assim como as demais codificações do mesmo período, a exemplo do *Code* ou do *BGB*, são frutos do liberalismo, pós-Revolução[6] Francesa, decorrente de um pensamento filosófico

---

[3] Franz Wieacker, *História do direito privado moderno*, p. 721. O autor considera esta escola com reprodutora da "última imagem coerente do direito privado, ... provinha da sociedade burguesa, que se tinha começado a impor do ponto de vista social e econômico, desde o séc. XVIII na Inglaterra." Sobre a concepção clássica do Direito Civil, calcada na pandectista, ainda, Orlando Gomes, *Transformações gerais do direito das obrigações*, p. 2, na seguinte passagem: "O Direito das Obrigações elaborado no século XIX, calcado no Direito Romano e aperfeiçoado, principalmente na Alemanha, pela Escola das Pandectas, concorreu para o desenvolvimento econômico, mas legitimou abusos, ao favorecer a prepotência das pessoas economicamente fortes. No pórtico de sua codificação, poder-se-ia ter inscrito, a talho de foice, a legenda: *beati possidentes*".

[4] A leitura constitucionalizada do Direito Civil está vinculada à aplicação valorativa da Constituição Federal de 1988, não tendo sido reproduzida no Código Civil de 2002, eis que tal codificação iniciou sua elaboração anteriormente ao texto constitucional e, após, fora somente adaptada, não apresentando efetiva alteração em sua estrutura axiológica.

[5] Inclui-se o novo Código Civil que apresenta o mesmo viés patrimonialista do Código Civil de 1916, somente sob nova roupagem, e, dependendo da matéria, até mesmo com alguns retrocessos.

[6] Rubem Aquino (*et al.*), *História das sociedades: das sociedades modernas às sociedades atuais*, p. 102. Como simples enriquecimento, vale citar o que significa uma Revolução, lembrando que a parte da obra citada intitula-se Capital x Trabalho – a formação do mundo ocidental contemporâneo (1760/1780-1870/1880), onde assim define revolução: "É uma *mudança profunda na estrutura social*, isto é, uma transformação que atinge todos os níveis da realidade social: o econômico, o político, o social e o ideológico. Uma revolução é uma luta entre forças de transformação e forças de conservação da antiga ordem social. Quando ocorre uma revolução, a vida das pessoas

---

Estudos de Direito Civil – Constitucional
Volume 2

baseado no racionalismo kantiano,[7] onde o sistema jurídico é desprovido de valores e liberto de ponderações éticas, ou seja, a base moral do sistema codificado autônomo reside na ética da autonomia, com liberdade contratual e a prevalência da *voluntas*.[8]

Paulo Luiz Netto Lôbo, ao analisar os contornos jurídicos do Estado Liberal, sintetiza seus paradigmas ideológicos e jurídicos, exteriorizados pela autonomia de vontade:

> "A Declaração dos Direitos do Homem e do Cidadão, da Revolução Francesa, em 1798, proclamou a sacralidade da propriedade privada ('Art. 17. Sendo a propriedade um direito sagrado e inviolável...'), tida como exteriorização da pessoa humana ou da cidadania. Emancipada da rigidez da Idade Média, a propriedade privada dos bens econômicos ingressou em circulação contínua, mediante a intrumentalização do contrato.
>
> Autonomia de vontade, liberdade individual e propriedade privada, transmigraram dos fundamentos teóricos e ideológicos do Estado liberal para os princípios de direito, com pretensão a universalidade e intemporalidade.
>
> Considere-se o mais brilhante dos pensadores da época, Kant, especialmente na Fundamentação da Metafísica dos Costumes, onde distingue o que

---

sofre uma mudança radical no próprio dia-a-dia."(grifos do original) Deve-se acrescentar que as transformações nos níveis da realidade social confluirão em uma significativa mudança da ordem jurídica e dos valores de sustentação da mesma.

[7] Juarez Freitas, *A substancial inconstitucionalidade da lei injusta*, p. 20: "Equívocos kantianos à parte, direito e moral não podem ser separados, como não se separa dia e noite. Deve-se ter sempre em mente que os juízos do Direito não são apodíticos ou axiomáticos, pela singela razão de que, na prática, não existem juízos axiomáticos, ao menos os absolutilizados. Dessa 'insegurança' básica não devemos nos livrar, pois ela é a *conditio sine qua non* da própria liberdade, sem a qual a ética não teria o menor sentido. Afastar tal 'insegurança' do ordenamento jurídico é excluir toda e qualquer possibilidade de exercício moral, pela também singela razão – repetimos – de que não pode haver moralidade se não houver autonomia".

[8] Neste sentido: Franz Wieacker, *História do direito privado moderno*, p. 721.

entende por autonomia de heteronomia. A autonomia é o campo da liberdade, porque os seres humanos podem exercer suas escolhas e estabelecer regras para si mesmos, coletivamente ou interindividualmente. A heteronomia, por seu turno, é o campo da natureza cujas regras o homem não pode modificar e está sujeito a elas. Assim, o mundo ético, em que se encartaria o direito, seria o reino da liberdade dos indivíduos, enquanto tais, porque a eles se dirige o princípio estruturante do imperativo categórico kantiano. Na fundamentação filosófica kantiana, a autonomia envolve a criação e aplicação de todo o direito".[9]

Desta corrente, considerando o pensamento liberal burguês do século XIX, que buscava o estado mínimo, baseado em uma liberdade formal, permitindo ao cidadão uma autonomia ampla, onde o Estado se mantinha somente na esfera política e organizacional, sem adentrar nas relações interprivadas, originou, na sistematização de Jean Domat aplicada ao Código Napoleônico, uma separação objetiva entre leis públicas e leis civis.[10]

Nesta esteira, o denominado Direito Público, estava dirigido somente ao administrador e ao legislador ordinário. A este cabia disciplinar o Direito Privado, representado pelo Código Civil, onde seriam tratadas as relações privadas.[11] Como principais figuras deste Direito Privado foram eleitos o direito subjetivo como poder de vontade, o negócio jurídico como demonstração da vontade autônoma das partes, o contrato como elo intersubjetivo do sujeito de direito[12] e a propriedade

---

[9] *Contrato e mudança social*, p. 41.

[10] Maria Celina Bodin de Moraes, *A caminho de um direito civil constitucional*, p. 21.

[11] Gustavo Tepedino, *O Código Civil, os chamados microssistemas e a Constituição: premissas para uma reforma legislativa*, p. 2.

[12] Aqui pertine destacar importante contribuição de .Jussara Meirelles, *O ser e o ter na codificação civil brasileira: do sujeito virtual à clausura patrimonial*, p. 98, quando trata do ser e o ter na codificação civil brasileira, de forma a criar noção do que representa o sujeito de direitos neste período, *in verbis*: "A redução da ordem jurídica a verdadeira estatuto patrimonial e a caracteriza-

como direito ilimitado de domínio e de exclusão.[13] Assim sendo, havia uma linha limítrofe entre estas duas áreas do direito, praticamente impermeáveis.[14]

Outro aspecto relevante diz com a convicção formada na cultura jurídica de então, na qual deveria ser prevista e regulamentada toda e qualquer conduta subjetiva do fenômeno social. Norberto Bobbio salienta:

> "O dogma da completude, isto é, o princípio de que o ordenamento jurídico seja completo para fornecer ao juiz, em cada caso, uma solução sem recorrer à eqüidade, foi dominante, e o é em parte até agora, na teoria jurídica européia de origem romana. Por alguns, é considerado um dos aspectos salientes do positivismo jurídico. [...] Nos tempos modernos o dogma da completude tornou-se parte integrante da concepção estatal do Direito, isto é, daquela concepção que faz da produção jurídica um monopólio do Estado. [...] A miragem da codificação é a completude: uma regra para cada caso".[15]

Tal exasperação legislativa marca, segundo Gustavo Tepedino, a "onipotência do codificador".[16] Assim, estabeleceu-se para o Código Civil o papel de constituição das relações privadas,[17] tendo como palavra de

---

ção da pessoa como sujeito que contrata, que constitui formalmente uma família, que tem um patrimônio e que se apresenta, enfim, como sujeito dos direitos estabelecidos pelo sistema, faz com que a personalidade civil se distancie mais e mais da dignidade humana em razão da qual os indivíduos merecem proteção e amparo; e aproxime-se, de maneira a sinonimizar-se, da titularidade contratual e patrimonial. Em suma, é pessoa quem é titular; e só é titular quem a lei define como tal."

[13] Franz Wieacker, *História do direito privado moderno*, p. 721.

[14] Nesse sentido, Alexandre Pasqualini, *O público e o privado, passim.*

[15] *Teoria do ordenamento jurídico*, p. 119-121.

[16] *O Código Civil, os chamados microssistemas e a Constituição: premissas para uma reforma legislativa*, p. 2.

[17] Ricardo Aronne, *Por uma nova hermenêutica dos direitos reais limitados: Das raízes aos fundamentos contemporâneos*, p. 9. "A Pandectista, a Escola Histórica, a Jurisprudência dos Conceitos e a Escola da Exegese, que formaram a base metodológica da civilística clássica, viam o centro do sistema jurídico localizado no Código Civil, cumprindo à Constituição a tarefa de organizar o Estado e defender o cidadão de seus excessos. Alinhadas à concepção do

ordem a segurança. Esta mitificada segurança não está vinculada à possibilidade de êxito das atividades comerciais, mas sim, quanto a estabilidade das regras que conduziam à sistemática de comércio e a interferência do Estado em tais relações.

No Brasil, a Escola da Exegese[18] consubstanciou estas características, procurando desenvolver a idéia de que nos textos legais, em aplicação literal, estariam todas as soluções para os fatos dos quais o Direito se destina a regular.[19] Em consonância com este monopólio estatal na produção legislativa e a observância inquestionável das leis pelo aplicador, em um sistema codificado, o Código se torna ao Juiz, como aplicador do direito, um prontuário que lhe deveria servir infalivelmente, e do qual não poderia se afastar.[20]

Esta pretensa segurança entrou em crise já nos meados do século XIX na Europa, na medida em que tanto o pensamento filosófico, como a situação econômica dos Estados foram sendo paulatinamente alterados. A separação do Estado e da sociedade civil, sustentáculo do liberalismo, reduziu-se na correlata medida em que o primeiro passou a interferir na economia.

Tendo, portanto, um Estado intervencionista, que regulamentava pilares básicos como o mercado, o Direi-

---

Estado Liberal de Direito, reduziam o próprio aplicador do Direito à tarefa de simples subsunção formal do caso ao tipo. Mostram-se ainda solipcistas, em face da sua visão de liberdade meramente formal, traduzindo uma visão egoística do Direito, a conceber o código como verdadeira Constituição do homem privado."

[18] Gustavo Tepedino, *O Código Civil, os chamados microssistemas e a Constituição: premissas para uma reforma legislativa*, p. 2. Ao mencionar a Escola da Exegese, o autor traz à luz o princípio da completude, onde toda a produção legislativa compete ao Estado, de forma a esgotar todas as possibilidade jurídicas por meio de codificações.

[19] Julio Cesar Finger, *Constituição e Direito Privado: algumas notas sobre a chamada constitucionalização do Direito Civil*, p. 88.

[20] Norberto Bobbio, *Teoria do ordenamento jurídico*, p. 120-121. Vários são os autores, como Gustavo Tepedino, *O Código Civil, os chamados microssistemas e a Constituição: premissas para uma reforma legislativa*, p. 2.; e Júlio César Finger, *Constituição e direito privado: algumas notas sobre a chamada constitucionalização do direito civil*, p. 88, que citam exemplificativamente esta passagem do autor italiano.

---

Estudos de Direito Civil – Constitucional
Volume 2

to Civil e esta relação entre Estado e sociedade foram aos poucos tomando outros contornos. Desta maneira, também o direito não pôde permanecer incólume, em moldes anteriores, individualista e fechado.[21]

Imprescindível mencionar que os movimentos sociais, aliados ao processo crescente de industrialização do século XIX, com agitação popular, culminado pela eclosão da Primeira Grande Guerra, influíram decisivamente para alteração do Direito Civil europeu e, por conseqüência, do ordenamento jurídico pátrio.[22] Todos estes fatores, de forma conjugada, determinaram a necessidade do Estado de intervenção na economia, e, portanto, na esfera privada dos cidadãos. Deve ser considerada, ainda, para evolução do Direito Civil, uma forte influência de marcada tendência a uma justiça social em maior proporção, decorrente do alastramento do trabalho subordinado, fruto de correntes filosóficas posteriores.[23]

No Brasil, o fenômeno chamado dirigismo contratual, ou seja, o processo decorrente do ingresso cada vez maior do Estado na regulação da economia, restringindo a autonomia privada, teve início a partir dos anos 20, sendo a primeira expressão no âmbito constitucional em 1934. Este fenômeno teve importância singular na transformação do papel do Código Civil, de normas únicas e superiores dirigidas às relações privadas, como sistema fechado e completo,[24] para um centro normativo do direito comum, ao lado de uma crescente produção da legislação esparsa.[25]

Esta legislação extracodificada reflete a necessidade do legislador ordinário, frente às mudanças sociais

---

[21] Maria Celina Bodin de Moraes, *A caminho de um direito civil constitucional*, p. 21.

[22] Gustavo Tepedino, *Temas de Direito Civil*, p. 3-4.

[23] Assim M. Pioget, Travaux de lássociation H. Capitant, II, *apud* Serpa Lopes, ob. Cit. P. 30 e C. Mortati, "La repubblica fondata sul lavoro", *in* Politica del Diritto, 1975, p. 27, *apud* Maria Celina B. Moraes, *A caminho de um Direito Civil constitucional*, p. 23.

[24] Sobre o tema, Norbeto Bobbio, *Teoria do ordenamento jurídico*, p. 115-156.

[25] Gustavo Tepedino, *O Código Civil, os chamados microssistemas e a Constituição: premissas para uma reforma legislativa*, p. 4.

oriundas de uma alteração na própria função do Estado, de regulamentar situações e fatos que não se enquadravam nas estruturas predeterminadas da codificação existente. Algumas normas esparsas se configuraram verdadeiros estatutos, regulando de forma integral e diversa todo um manancial de temas, utilizando, para tanto, uma linguagem específica da matéria abordada.

Inicia-se, no período pós-guerra, um processo de alteração do objeto das normas, antes em torno do sujeito de direito, para uma maior tutela das atividades e dos interesses da pessoa humana, com a introdução nas cartas constitucionais de normas destinadas à realização em concreto de um mínimo social, tendo uma vinculação maior com o efetivo desenvolvimento dos deveres atinentes a um Estado Social[26] almejado. As Constituições avocam normas, regras e estatutos anteriormente regulados exclusivamente pelo Direito Privado, delimitando, assim, a autonomia privada e o controle da propriedade.

A Constituição Federal de 1988 vem configurar-se como centro basilar das normas e princípios do ordenamento jurídico,[27] devendo-se considerar esta nova visão do Direito como uma unidade axiológica, hierarquizada nas fontes e de leitura sistemática das normas.[28]

---

[26] Jorge Miranda, *Direitos fundamentais e interpretação constitucional*, p. 24: "O Estado não é só poder político (ou governo, na acepção clássica e que perdura na linguagem anglo-americana). É também, e antes de mais, a comunidade, os cidadãos e os grupos a que estes pertencem. Logo, a Constituição, enquanto estatuto do Estado, tem de abranger uma e outra realidade, em constante dialéctica; nem se concebe estatuto do poder sem estatuto da comunidade a que se reporta. A Constituição vem a ser, na linha de *Maurice Hauriou*, tanto a Constituição *política* quanto a Constituição *social*, não se cinge à organização interna do poder".

[27] A concepção de ordenamento jurídico aqui mencionada é aquela explicitada por Norberto Bobbio, *Teoria do Ordenamento Jurídico*, p. 37 e ss. quando afirma: "Cada ordenamento tem uma norma fundamental. É essa norma fundamental que dá unidade a todas as outras normas, isto é, faz das normas espalhadas e de várias proveniências um conjunto unitário que pode ser chamado de "ordenamento" (p. 49).

[28] Alexandre Pasqualini, *Sobre a interpretação sistemática do direito*, p. 98: "No contexto de sistema jurídico e, por conseguinte, da hermenêutica jurídica, nada é absoluto – exceção feita ao princípio da hierarquização axiológica –, motivo por que toda norma, princípio ou valor só revelará o seu verdadeiro

Estudos de Direito Civil – Constitucional

Em conformidade com esta nova sistemática jurídica, a hierarquia das fontes passou a ter relevante papel, pois havendo uma norma fundamental a qual todas devem estar em consonância, tanto o legislador quanto o aplicador das normas devem realizar o trabalho de harmonização entre as fontes, respeitando, sempre, os princípios constitucionais orientadores.

Para Pietro Perlingieri, "o respeito à Constituição, fonte suprema, implica não somente a observância de certos procedimentos para emanar a norma (infraconstitucional), mas, também, a necessidade de que seu conteúdo atenda aos valores presentes (e organizados) na própria Constituição".[29]

Dentre todos os princípios fundamentais da Carta Magna de 1988, restou erigido, como fundamento da República, o princípio da dignidade da pessoa humana, reorientando todo o sistema jurídico, edificado pela própria Constituição, a mais ampla e irrestrita proteção da pessoa humana, concretamente considerada.[30]

Pode-se dizer que a inserção dos fundamentos constitucionais, assim como a leitura sistemática do ordenamento jurídico, tendo como sustentáculo a Constituição Federal, foi a mais importante transformação do Direito Civil neste caminho de um Estado Liberal a um Estado Social.[31]

Por fim, restam remodelados pelo exercício cotidiano dos operadores do Direito os institutos principais do Direito Civil, quais sejam, a família, o contrato e a propriedade, saindo deste cenário o sujeito-proprietário,

---

preceito a partir do diálogo com as demais normas, princípios e valores jurídicos".

[29] *Perfis do direito civil: introdução ao direito civil constitucional*, p. 9-10, quando expõe: "A hierarquia das fontes não responde apenas a uma expressão de certeza formal do ordenamento para resolver os conflitos entre as normas emanadas por diversas fontes; é inspirada, sobretudo, em uma lógica substancial, isto é, nos valores e na conformidade com a filosofia de vida presente no modelo constitucional."

[30] Luiz Edson Fachin e Carlos Eduardo Pianovski Ruzyk, *Um projeto de Código Civil na contramão da Constituição*, p. 244-245.

[31] Paulo Luiz Netto Lôbo, *Constitucionalização do direito civil*, p. 108.

para ingressar nesta nova ordem o indivíduo como pessoa humana. Neste contexto, abre-se um novo paradigma aos institutos citados, sendo a função social como conteúdo arraigada à propriedade, a igualdade material e a equivalência pela tutela do mais fraco para os contratos, e, por último, aquele que será objeto de aprofundamento: o paradigma da afetividade como valor essencial da família.[32]

---

[32] *Ibidem*, p. 108.

Estudos de Direito Civil – Constitucional
Volume 2

# 3. O papel da família na virada do século XIX

Analisar o papel da família, mesmo que em determinada época, é tarefa árdua, visto que cada período, cada sociedade ou grupamento humano, tem a família com formas e contornos distintos. Michelle Perrot leciona que a história da família é longa, não-linear, feita de rupturas sucessivas. Acrescenta, também, que toda a sociedade procura acondicionar a forma da família a suas necessidades.[33]

O modelo familiar existente no final do século XIX, sendo aquele trazido à luz pelo legislador e inserido, posteriormente, no Código Civil brasileiro de 1916, reflete em grande parte o modelo familiar europeu, tendo como principais características a hierarquia, o patriarcado, o matrimônio e a transpessoalidade, com conteúdo eminentemente patrimonialista.[34]

Necessário destacar que a família analisada é aquela existente quando da codificação, e que, por muitas vezes, se distancia da realidade de grande parte da população.[35] Esta família tem suas origens no modelo

---

[33] Michelle Perrot, *O nó e o ninho*, p. 75-81.

[34] Rosana Amara Girardi Fachin, *Em busca da família do novo milênio. Uma reflexão crítica sobre as origens históricas e as perspectivas do Direito de Família brasileiro contemporâneo*, p. 8.

[35] Orlando Gomes, *Raízes históricas e sociológicas do Código Civil Brasileiro*, p. 39. Imprescindível destacar que o modelo tratado representa tão-somente os detentores do poder, com maior expressão social, em número de trezentas ou quatrocentas mil pessoas, conforme censo realizado em 1872, sendo estes *"pertencentes às famílias proprietárias de escravos, os fazendeiros, senhores de engenho..."*. É válida a lembrança para que possa ser avaliada com maior precisão a dimensão do que foi considerado como grupos familiares, de

construído na Europa do século XIX, impregnada pelas idéias liberais burguesas, onde permanentemente o patrimônio se sobrepunha ao indivíduo. Agrega-se a este modelo familiar uma sociedade brasileira rural, sob auspícios colonialistas e de parcos recursos financeiros.[36]

Verifica-se, conforme Michelle Perrot, que o pensamento francês acerca da família no decorrer do século XIX mostra-se bastante abundante, principalmente em decorrência dos problemas concernentes à reconstrução política, jurídica e social. Destaca ainda que os "grandes pólos de reflexão são três: as fronteiras entre o público e o privado, e a idéia de 'esferas'; o conteúdo da sociedade civil; os papéis masculino e feminino".[37]

Pode-se, assim, apreender que houve uma fronteira entre aqueles fatos considerados públicos e outros considerados privados. Assevera Lynn Hunt que no período inicial do século XIX os próprios revolucionários – Revolução Francesa – vislumbraram a necessidade de demarcar claramente um limite intransponível, onde a mulher estava do lado privado e o homem do lado público. Menciona ainda que ao longo de todo o século XIX essa demarcação entre o público e o privado, o homem e a mulher, a política e a família, foi sendo acentuada constantemente.[38]

Tal distinção reserva importância, na medida em que havia distribuição das atividades conjugais e familiares, competindo ao marido a direção exclusiva da família, sendo o mesmo seu representante social, o seu chefe natural, como o rei-pai é o chefe natural do Estado, o qual também é uma "casa".[39]

À mulher era relegado o dever de submissão e destinado o espaço doméstico para sua atuação. Neste

---

forma quantitativa, para a elaboração do Código Civil de 1916, eis que a população brasileira aproximava-se de nove milhões de pessoas.

[36] *Ibidem*, p. 39-48.

[37] Michelle Perrot, *História da vida privada: da revolução francesa à primeira guerra*, p. 95.

[38] Lynn Hunt, *Revolução Francesa e vida privada*, p. 51.

[39] *Ibidem*, p. 51.

viés, Perrot traz exemplificativamente as palavras de Bonald em discurso à Câmara dos Deputados franceses – 26 de dezembro de 1815 – onde refere que "a grandeza da esposa reside na submissão ao pai e, quando viúva, ao primogênito, depositário da residência ancestral". Continua dizendo que "a família, fundamento do Estado monárquico, é em si mesma uma monarquia paterna, uma sociedade de linhagem que garante a estabilidade, a duração, a continuidade".[40]

Verifica-se, portanto, que a família tende a ser um microestado monárquico, onde estão presentes, não somente o rei na figura do marido, mas os súditos – filhos –, e os servos – a esposa. Na esteira desta concepção, há uma grosseira separação entre as esferas do público e do privado,[41] equivalentes ao sexo como papéis intrafamiliares, sendo concedido ao homem a honra da família, para a qual dava o seu nome, encarnando e representando todo o grupo familiar.[42]

Na divisão dos papéis, incumbe ao homem o zelo pela unidade doméstica, refletindo uma família transpessoal, onde a preocupação maior está centrada na sua continuidade como instituição, relegando os interesses dos membros a um segundo plano.[43] Nesse contexto, os filhos e a esposa eram rigorosamente subordinados ao marido. A mulher devia a este fidelidade absoluta, estando destinada a viver entre os muros de sua casa. Os filhos deviam acolher as escolhas do pai tanto amorosas quanto profissionais; às jovens restava somente as vias de um casamento, e, ainda assim, visando à aliança.[44] O papel do afeto restava absolutamente diminuto.

---

[40] Michelle Perrot, *História da vida privada: da revolução francesa à primeira guerra*, p. 98.

[41] Nesse sentido, Cristina de Oliveira Zamberlan, *Os Novos Paradigmas da Família Contemporânea – Uma perspectiva interdisciplinar*, p. 26, menciona: "A divisão dos papéis situava a mulher preferencialmente dentro da família, reservando ao homem o âmbito externo: as transações importantes, a representação familiar, a política".

[42] Michelle Perrot, *O nó e o ninho*, p. 77.

[43] Silvana Maria Carbonera, *O papel jurídico do afeto nas relações de família*, p. 279.

[44] Michelle Perrot, *O nó e o ninho*, p. 78.

A esta família competiam, ainda, inúmeros objetivos, pois deveria assegurar a criação da sociedade civil, e principalmente dos interesses privados, a formação de mão-de-obra, a base econômica do Estado e a transmissão do patrimônio. Do ponto de vista interior, cabe a esta família socializar as crianças, através do trabalho rural e artesanal, enfim todas as primeiras lições. Em tais objetivos estavam assentados o bom andamento do Estado, a sua estabilidade e, também, o progresso da humanidade.[45]

Outro traço fundamental deste modelo familiar diz respeito à matrimonialização do vínculo conjugal. O que significa dizer que a família para ser reconhecida como tal, devia necessariamente estar sob o manto do formalismo, seja de cunho civil ou religioso. Somente poderia ser considerada entidade familiar aquela formada pelo marido, pela esposa, a prole, unidos através de ato cartorial[46] de manifestação da vontade. As demais relações, mesmo que afetivamente ou teleologicamente idênticas, não eram consideradas como entidades familiares, permanecendo à margem do ordenamento jurídico.

A necessidade do matrimônio está estritamente ligada à segurança que buscava o homem do século XIX, sendo o matrimônio elemento caracterizador da influência do Direito Canônico no ordenamento jurídico.[47] Desta forma, as relações familiares, para serem consideradas válidas no plano jurídico, deveriam estar fundadas no casamento, que, em um caráter eminentemente valorativo, o sistema denominava de família legítima.[48]

O vínculo matrimonial tinha como escopo, além do patrimônio, porque em torno desta relação jurídica é

---

[45] Michelle Perrot, *O nó e o ninho*, p. 78.

[46] Aceitava-se, como ainda hoje o é, que a cerimônia religiosa gerava efeitos civis. Esta é mais uma das influencias da religião em nosso ordenamento jurídico. Nesse sentido: Rosana Amara Girardi Fachin, *Em busca da família do novo milênio. Uma reflexão crítica sobre as origens históricas e as perspectivas do Direito de Família brasileiro contemporâneo*, p. 34-41.

[47] Luiz Edson Fachin, *Elementos Críticos do Direito de Família*, p. 33.

[48] Ana Carla Harmatiuk Matos, *As famílias não fundadas no casamento e a condição feminina*, p. 32.

---

Estudos de Direito Civil – Constitucional
Volume 2

que se estabeleciam os direitos obrigacionais e sucessórios, também a manutenção da família como instituição.[49]

O matrimônio era tão importante que a sociedade reservava certa discriminação àqueles que não o contraíam, principalmente sobre a figura feminina. A hostilidade sofrida pelas pessoas que não contraíam matrimônio, e que em grande medida podiam ser vistas, segundo Ana Carla Harmatiuk Matos, como hostilidades às mulheres não-casadas, um desvalor conferido à imoralidade de sua conduta sexual fora das justas núpcias.[50]

Dentro desta estrutura familiar patriarcal e hierarquizada, aparentemente focalizada na figura do homem, e, por tal, chefe do grupo familiar, ocorre, na verdade, a manutenção de uma sociedade patrimonialista. No topo da pirâmide hierárquica está a instituição.[51]

O casamento assume contornos de perenidade, segurança, respeitabilidade e ascensão. Nas palavras de Rosana Fachin: "A sociedade colonial valorizou o matrimônio, quer na solenização religiosa, quer no convívio da sociabilidade, como condição honrada e venerada".[52]

Esta estrutura familiar vinha ao encontro dos interesses da classe dominante, sendo uma sociedade patrimonialista, e que servia para manter a divisão das classes e pessoas. Em um dos vértices desta divisão estavam os abastados e totalmente livres, conjuntamente com a mulher e os filhos, estes com fortes restrições legais, mas todos juridicamente tutelados, e no outro vértice estavam as classes menos privilegiadas, à margem do sistema jurídico, e de toda a sorte submetidos aos primeiros, esses à mercê do sistema jurídico.

---

[49] Luiz Edson Fachin, *Elementos Críticos do Direito de Família*, p. 33.

[50] Ana Carla Harmatiuk Matos, *As famílias não fundadas no casamento e a condição feminina*, p. 41.

[51] Luiz Edson Fachin, *Elementos Críticos do Direito de Família*, p. 33.

[52] Rosana Amara Girardi Fachin, *Em busca da família do novo milênio. Uma reflexão crítica sobre as origens históricas e as perspectivas do Direito de Família brasileiro contemporâneo*, p. 36.

Cabe ressaltar aqui que o modelo familiar abordado é aquele que o legislador veio a inserir no Código Civil de 1916, ou seja, patriarcal, heterossexual, hierarquizado e matrimonializado,[53] com cunho eminentemente patrimonial, e, logicamente, aquele que se pode referir como modelo jurídico de família.

A família é ente maior que a simples jurisdicização de um dos modelos do fenômeno social. Mariza Corrêa, ao comentar a família patriarcal, lembra a existência de outras formas de família e de sua importância.[54]

A mencionada autora refere que "a *família patriarcal* pode ter existido, e seu papel ter sido extremamente importante, apenas não existiu sozinha, nem comandou do alto da varanda da casa grande o processo total de formação da sociedade brasileira".[55] Continua dizendo, ao referir-se acerca de autores[56] que consideram este o único modelo existente, "parece não ter havido, neste país onde a colonização se fez de maneira tão díspar, um processo de constituição de unidades domésticas de variedade equivalente nas muitas regiões onde se instalaram os primeiros colonizadores".[57]

Ainda, alerta para o perigo desta generalização dizendo que "o conceito de *família patriarcal*, como tem sido utilizado até agora, achata as diferenças, comprimindo-as até caberem todas num mesmo molde que é então utilizado como ponto central de referência quando se fala de família no Brasil".[58] [59]

---

[53] Luiz Edson Fachin, *Elementos Críticos do Direito de Família*, p. 34.

[54] Mariza Corrêa, *Colcha de retalhos*, p. 27.

[55] *Ibidem*, p. 27.

[56] Os autores elencados por Mariza Corrêa são Antonio Candido de Mello e Souza, na obra 'the Brazilian Family', e Gilberto Freire em *Casa Grande e Senzala*.

[57] Mariza Corrêa, *Colcha de retalhos*, p. 27.

[58] *Ibidem*, p. 27.

[59] Corroborando a visão de Mariza Corrêa, Eni de Mesquita Samara, *Tendências atuais da história da família no Brasil*, p. 30: "Esse modelo genérico de estrutura familiar, comumente denominado patriarcal, serviu de base para caracterizar a família brasileira como um todo, esquecidas as variações que ocorrem na organização da família em função do tempo, do espaço e dos diferentes grupos sociais [...] concluímos pela ineficácia de se utilizar um conceito genérico para representar a sociedade brasileira como um todo".

Por fim, Michelle Perrot, ao considerar ambígua esta família do século XIX, menciona que:

"[...] ninho e nó, refúgio caloroso, centro de intercâmbio afetivo e sexual, barreira contra agressão exterior, enrustida em seu território, a casa, protegida pelo muro espesso da vida privada que ninguém poderia violar – mas também secreta, fechada, exclusiva, normativa, palco de incessantes conflitos que tecem uma interminável intriga, fundamento da literatura romanesca do século".[60]

É necessário, ainda, considerar que a situação brasileira de fins do século XIX guardava algumas diferenças para o modelo europeu. O Brasil era uma nação embrionária, tendo como base produtiva a lavoura rudimentar, empurrada pela força escrava que estava às portas da abolição.

A grande maioria da população detinha poucos recursos, sendo de colonos europeus e alguns trabalhadores nacionais. Dentro desta economia agrária, embasada na exportação de matéria-prima e a importação dos produtos industrializados, criava-se a burguesia mercantil, conjuntamente com os proprietários de terras, que agiam em detrimento da massa rural, que viva em condições praticamente desumanas.[61]

Em especial para o direito de família e a formação da própria família, juridicamente entendida, deve-se acrescer ainda a influência da Igreja, que em um país ainda em formação, sem sistema jurídico unitário, com um grande diversidade de culturas e a difícil colonização, foi palco para ditar regras de condutas, sejam de caráter público ou privado.

No sentido desta influência, exemplificativamente, refere Américo Martins da Silva que buscando a matrimonialização, interesse do Estado, "um recurso bem

---

[60] Michelle Perrot, *O nó e o ninho*, p. 78.

[61] Orlando Gomes, *Raízes históricas e sociológicas do Código Civil brasileiro*, p. 42-43. Ao analisar as condições sociais, econômicas e políticas nas quais se deu a elaboração do Código Civil de 1916.

prático, usado então, eram as altas multas que o Estado cobrava pelos concubinatos, em contraposição ao baixo preço dos casamentos celebrados pela Igreja".[62] Este exemplo mostra a força e o interesse na formação do modelo familiar que viria a se erguer.

É neste contexto que vai se dar a codificação civil em nosso ordenamento, visando a uma família nos moldes do século que se encerrava, com um Estado dependente, em um quadro de profundas mudanças sociais que se avizinhavam. O papel da família na virada do século estava entre a manutenção do Estado instituído e a realidade do cotidiano, entre aquele modelo que o legislador pretendia como família e aquela que, muitas vezes, estava distanciada da realidade jurídica.

---

[62] Américo Martins da Silva, *A evolução do direito e a realidade das uniões sexuais*, p. 126-127. *Apud* Rosana Amara Girardi Fachin, *Em busca da família do novo milênio: Uma reflexão crítica sobre as origens históricas e as perspectivas do Direito de Família brasileiro contemporâneo*, p. 27.

Estudos de Direito Civil – Constitucional
Volume 2

# 4. Codificação e *status quo* – o papel do Código e o reflexo na família

O modelo familiar proposto em fins do século XIX continha uma carga valorativa alinhada às idéias burguesas, ao liberalismo, sendo a família expressão deste pensamento, caracterizada como patriarcal, hierarquizada, heterossexual e matrimonializada. Esta forma de entidade familiar foi escolhida pelo legislador ordinário para servir de paradigma à codificação que se construía.

A codificação erigida no país no início do século XX estava entre duas realidades distintas. A primeira, aquela dos proprietários de terras, dos burgueses mercantis, e de uma pequena classe média que ocupava grande parte dos cargos administrativos. A segunda vinha a ser uma população rural, cujas condições de vida não permitiam, sequer, tivesse consciência de sua miserável situação,[63] os dependentes, o campesinato e os marginais em sentido amplo.[64]

Tal paradoxo era condição para a sobrevivência de uma burguesia agrária e uma burguesia mercantil, expressão da classe dominante, que buscava a manutenção do subdesenvolvimento do país.[65]

---

[63] Orlando Gomes, *Raízes históricas e sociológicas do Código Civil brasileiro*, p. 43.

[64] Darcy Ribeiro, *O povo brasileiro: a formação e o sentido do Brasil*, p. 11. *Apud*: Rosana Amara Girardi Fachin, *Em busca da família do novo milênio: Uma reflexão crítica sobre as origens históricas e as perspectivas do Direito de Família brasileiro contemporâneo*, p. 30.

[65] Orlando Gomes, *Raízes históricas e sociológicas do Código Civil brasileiro*, p. 42.

Na seara política, fundamental para o processo de codificação civil que se estabelecia, a situação era ainda mais desastrosa, porque as farsas eleitorais permeavam os sistemas eletivos, tendo os grandes proprietários de terras, assim como a classe comercial, condições de nomear, ainda que de forma disfarçada, aqueles que seriam os chefes políticos.[66]

Não teria outra conseqüência este sistema de escolhas políticas que a defesa constante dos interesses da classe privilegiada. Esta sim, permanentemente engajada na luta pela manutenção dos ideários liberais burgueses oitocentistas que lhe serviam.

Ainda, sobre a interpretação do processo político e social brasileiro, José de Souza Martins refere que:

"[...] qualquer tentativa de interpretar a dinâmica do processo político brasileiro, e seus episódios singulares, passa pelo reconhecimento de que as mudanças só ganham sentido nas crises e descontinuidades do clientelismo político de fundo oligárquico que domina o país ainda hoje. Passa também pelo reconhecimento de que a tradição do mando pessoal e da política do favor desde há muito depende do seu acobertamento pelas exterioridades e aparências do moderno, do contratual. A dominação política patrimonial, no Brasil, desde a proclamação da República, pelo menos, depende de um revestimento moderno que lhe dá fachada burocrático-racional-legal. Isto é, a dominação patrimonial não se constitui, na tradição brasileira, em forma antagônica de poder político em relação à dominação racional-legal. Ao contrário, nutre-se dela e a contamina. As oligarquias políticas no Brasil colocaram a seu serviço as instituições da moderna dominação política, submetendo a seu controle todo o aparato do Estado".[67]

---

[66] Orlando Gomes, *Raízes históricas...*, p. 44.

[67] *O poder do atraso: ensaios de sociologia da história lenta*, p. 20. *Apud*: Ricardo Aronne. *Por uma nova hermenêutica dos direitos reais limitados: (das raízes aos fundamentos contemporâneos)*, p. 8-9.

Não surpreende que a codificação privatista viesse a manter este estado de dominação, assim como, e, principalmente, legitimar o sistema dentro deste diploma jurídico considerado constituição do direito privado.[68]

Acrescenta-se, ainda, que este diploma regulamenta a família de forma a manter "o conjunto dos conceitos organizados", que para Luiz Edson Fachin, esta "taxinomia mostra uma das características do arranjo jurídico das codificações." Este arranjo dentro da família codificada está delineada em um sistema jurídico fechado, prevalecendo a conceituação, e definindo o que vem a ser a família legítima. A *contrario sensu*, excluí todas as demais relações familiares desta tutela jurídica.[69]

Segundo Orlando Gomes, "a mentalidade dominante conservava-se fiel ao individualismo jurídico, mais consentâneo, então, com o grau de desenvolvimento das forças produtivas do país".[70]

Assevera ainda, com relação à questão social no Código Civil de 1916, que o autor do projeto "assumia, de modo nítido e firme, uma posição categórica contra as inovações de fundo social que se infiltravam, desde então, na legislação dos povos mais adiantados".[71]

Assim, o sistema jurídico instituído e expresso através do Código Civil de 1916 permitia somente a si

---

[68] Michele Giorgianni, *O direito privado e suas atuais fronteiras*, p. 41: Esclarece que " esse significado 'constitucional' dos códigos civis do início do século XIX[...] é imanente neles, se se fixar a idéia de que a propriedade privada e o contrato, que constituíam, como se disse, as colunas do sistema, vinham, por assim dizer, 'constitucionalizar' uma determinada concepção da vida econômica, ligada, notoriamente, à idéia liberal."

[69] *Elementos Críticos do Direito de Família*, p. 40.

[70] *Raízes históricas e sociológicas do Código Civil brasileiro*, p. 53.

[71] *Idem.* Ob.cit., p. 55-57. O jurista menciona nesta passagem os vários projetos de Lei apresentados que continham objetivos sociais, como, exemplificativamente, o novo regime das relações de trabalho. Ainda, traz a posição contrária do autor do Projeto do Código Civil ao socialismo. Afirma, todavia, que este socialismo a que Beviláqua se refere, em posição contrária, "era apenas o movimento que viria concretizar-se, pouco depois, no reconhecimento dos direitos sociais, hoje inscritos em todas as Constituições modernas do mundo".

próprio dizer o Direito, delimitando o que seria o direito (juridicamente tutelável) e o não-direito. Na esteira, permanece fora do sistema aquilo que ao próprio sistema não interessa,[72] como os filhos fora das justas núpcias, ou os relacionamentos sem matrimônio.

Neste panorama retrógrado é que se estabelece a família como modelo codificado, visando à manutenção das instituições ligadas ao individualismo excludente e patrimonialista. Conforme Rosana Fachin, o "Direito de Família no Brasil nasce gestado na Colônia e embalado pelo Código Civil", e, se dá pelo atestado de exclusão que separa as pessoas e instituições na sociedade.[73]

Como antes referido, a exclusão operada pelo Código Civil brasileiro pode ser demonstrada pela presunção *pater ist est quem nuptiae demonstrant* – o pai é aquele que marido é. O Código Civil brasileiro de 1916 adotou em seus arts. 338 e seguintes esta presunção, mesmo havendo prova de adultério, com confissão expressa da genitora.[74]

Somente o marido poderia pleitear a investigação de paternidade, tendo prazo curtíssimo para propositura da ação (dois ou três meses após o nascimento, conforme o caso) e, ainda, vinculada ao fundamento de impotência absoluta do marido ou a não-coabitação com a esposa. Tais restrições eram justificadas pelo interesse da harmonia doméstica.[75]

Aos filhos considerados ilegítimos nada era reservado pelo ordenamento pátrio, eis que restavam à margem do Código Civil de 1916, aviltados na pretensão de sua dignidade, mantendo-se a supremacia da relação

---

[72] Luiz Edson Fachin, *Limites e possibilidades da nova teoria geral do Direito Civil*, p. 45-50.

[73] Em busca da família do novo milênio: Uma reflexão crítica sobre as origens históricas e as perspectivas do Direito de Família brasileiro contemporâneo, p. 33.

[74] Não há justificativa plausível para a reprodução pelos artigos 1.597 e seguintes do Código Civil de 2002, da presunção adotada pela codificação de 1916.

[75] Gustavo Tepedino, *Temas de Direito Civil*, p. 55.

Estudos de Direito Civil – Constitucional

familiar denominada legítima, em detrimento da realidade na filiação extraconjugal.[76]

O interesse patrimonialista da classe dominante, eivada de um liberalismo tardio e em descompasso com os novos caminhos ideológicos, traduz-se no nosso Código Civil com tanta veemência que, conforme pontua Paulo Luiz Netto Lôbo ao tratar da tendência patrimonialista do Direito Civil:

> "Até mesmo o mais pessoal dos direitos civis, o direito de família, é marcado pelo predomínio do conteúdo patrimonializante, nos códigos. No Código Civil brasileiro de 1916, por exemplo, dos 290 artigos do Livro de Família, em 151 o interesse patrimonial passou à frente. Como exemplo, o direito assistencial da tutela, curatela e da ausência constitui estatuto legal de administração de bens, em que as pessoas dos supostos destinatários não pesam. Na curatela do pródigo, a prodigalidade é negada e a avareza é premiada. A desigualdade dos filhos não era inspirada na proteção de suas pessoas, mas do patrimônio familiar. A maior parte dos impedimentos matrimoniais não têm as pessoas, mas seus patrimônios, como valor adotado".[77]

À guisa de exemplos desta tutela patrimonial exacerbada encontrava-se no art. 183, XI, que requer a autorização do pai, tutor ou curador para o casamento daqueles que se encontram sob sua égide. No mesmo sentido, a impossibilidade de o tutor ou curador contrair matrimônio com aqueles que estão sujeitos aos seus cuidados (art. 183, XV) ou do juiz e do escrivão estarem impedidos de casar com pessoas que estejam sob sua autoridade profissional (art. 183, XVI).[78] [79]

---

[76] Luiz Edson Fachin, *Elementos Críticos do Direito de Família*, p. 54.

[77] *Constitucionalização do direito civil*, p. 103.

[78] Jussara Meirelles, *O ser e o ter na codificação civil brasileira: do sujeito virtual à clausura patrimonial*, p. 102-103.

[79] Os artigos mencionados correspondem aos arts. 1.550, II, e 1523, IV, do CC. de 2002.

Tais previsões legais tinham como escopo única e exclusivamente a proteção do patrimônio, eis que a família como instituição deve ser preservada incólume como base essencial da sociedade. Esta justificativa encontra amparo na almejada segurança do sistema privado clássico que tem na família um dos seus pilares de sustentação e manutenção.[80]

O Direito Civil clássico[81] como sistema buscou sua manutenção utilizando-se de um expediente psicológico-sistemático de aparentemente manter-se acima de qualquer debate sobre uma reformulação ou renovação de suas premissas.

Pretendia, através da completude de suas normas, da exclusão sistemática de indivíduos e de uma clausura patrimonial, perpetuar infinitamente uma classe dominante, detentora da propriedade e do controle político do Estado. Neste viés, a imagem de imutabilidade do Direito Civil vinha ao encontro destes mais profundos desejos oligárquicos.

Expressivas são as palavras de Luiz Edson Fachin, ao se referir ao Código Civil de 1916 e a um sentimento de estagnação de nossa legislação civil, como se este instituto fosse atemporal.

"Nada obstante, o sentido de permanência indefinida ou da vizinhança com a imutabilidade esteve mais em quem do Código se serviu e menos em

---

[80] Jussara Meirelles, *O ser e o ter na codificação civil brasileira...*, p. 99.

[81] Ricardo Aronne, *Por uma nova hermenêutica dos direitos reais limitados: (das raízes aos fundamentos contemporâneos)*, p. 9: "Denomina-se, no presente texto, teoria clássica ou tradicional aquela que forma a base de fundamentação científica da dogmática que conformou o Direito Civil a partir do séc. XIX, chamada civilística clássica, ainda presente na doutrina pátria, principalmente nos manuais de Direito Civil. Tal corrente se afirmou após a Revolução Francesa, construindo um Direito Civil identificado com o sentido de codificação – fechado, portanto – a partir de uma pirâmide abstrata de conceitos dos quais derivaram as regras positivadas, visando à proteção de seus três pilares essenciais – o contrato, a titularidade e a família –, para o que ergueram uma muralha indevassável entre o público e o privado – permeáveis até então –, inclusive com a formulação de uma teoria própria para o Direito Civil, preponderante sobre as demais áreas do conhecimento jurídico".

Estudos de Direito Civil – Constitucional
Volume 2

quem o elaborou. Sem embargo de tratar-se, no plano axiológico, de um projeto do século XIX promulgado em 1916, fruto da *belle époque* do movimento codificador, o Código Civil brasileiro, a seu modo e a seu tempo, resultou numa grande projeção dos interesses que alinhavam esse corpo legislativo por mais de oitenta anos".[82]

Corroborando a visão de Fachin, Paulo Luiz Netto Lôbo diz que "os estudos mais recentes dos civilistas têm demonstrado a falácia desta visão estática, atemporal e desideologizada do Direito Civil".[83] Segundo Ricardo Aronne, "a manutenção do viés tradicional de compreensão do fenômeno jurídico implica uma apropriação do futuro pelo passado, cega à historicidade e à interdisciplinaridade do Direito".[84]

Todavia, não obstante as inúmeras manifestações da doutrina e, até mesmo, da jurisprudência atual, sobreveio o novo Código Civil com basicamente a mesma carga valorativa da legislação anterior, mantendo-se o viés patrimonialista e até mesmo alargando-o.

O legislador ordinário desviou dos anseios sociais demonstrados na farta jurisprudência dos pretórios brasileiros, que colocam o ser humano no ápice normativo, relegando o patrimônio a instrumento de realização da dignidade da pessoa humana.

Ainda, no tocante à entidade familiar, o legislador ampliou o manancial discriminatório entre as formas familiais. Exemplificativamente, menciona-se o direito real de habitação previsto pela Lei 9.278/96, na hipótese de falecimento de um dos conviventes.

---

[82] *A Reforma no Direito Civil Brasileiro: Novas notas sobre um velho debate no Direito Civil*, p. 65: o autor destaca a seguinte nota: "Referindo-se à vigência por 'algum tempo' da codificação, Clóvis Beviláqua, na p. 15 da obra *Em defesa do projecto do Codigo Civil Brazileiro* (Rio de Janeiro: Francisco Alves. 1906), ligava à codificação a noção de momento histórico.

[83] *Constitucionalização do direito civil*, p. 99-100.

[84] *Por uma nova hermenêutica dos direitos reais limitados: (das raízes aos fundamentos contemporâneos)*, p. 19.

O novo Código Civil brasileiro, todavia, não prevê o direito real de habitação ao companheiro sobrevivente, e, considerando a pretensão de revogar todas as demais disposições legais relativamente à união estável, opera-se um retrocesso perante a ordem constitucional.[85]

O papel a ser desenvolvido pelos tribunais será o de corrigir e relegar o novo Código Civil brasileiro, assim como a visão imanente a ele, ao seu lugar na história, pois considerando que os valores inseridos neste texto legal estão em desacordo com os princípios fundamentais constantes na Constituição, o mesmo perde a força normativa antes mesmo da sua vigência.

É na busca de uma aproximação entre o sujeito virtual e o sujeito concreto,[86] na consolidação de um Estado Social, no papel do Direito Civil e, principalmente em um Direito de Família que atenda as necessidades dos "comuns", dos marginalizados e despatrimonializados que vai se dar a alteração, na realidade concreta, do paradigma da família, do patrimônio para o afeto, estruturando assim uma nova realidade familiar que visa a construir o indivíduo como pessoa humana, atendendo às suas necessidades.

---

[85] Luiz Edson Fachin e Carlos Eduardo Pianovski Ruzyk. *Um projeto de Código Civil na contramão da Constituição.* Revista Trimestral de Direito Civil, vol. 4, out-dez 2000, p. 243-263.

[86] Jussara Meirelles, *O ser e o ter na codificação civil brasileira: do sujeito virtual à clausura patrimonial,* p. 92. Interessante a seguinte passagem: "O sujeito virtual distancia-se do real e concreto, porque o sistema pretende, dessa forma, reafirmar-se em sua ideologia de suposta segurança e perpetuidade. Nesse sentido, alheios ao sistema estão todos aqueles que não se apresentam adequados ao modelo imposto. Produz-se, desta forma, o silêncio e o distanciamento interessantes e necessários daqueles que não correspondem à moldura ideologizada, Há preconceito? Evidentemente, sim; mas a idéia que tais incongruências parecem querer transmitir é a de que se a perfeição formal é atingida, o 'restante' não mesmo importância".

---

Estudos de Direito Civil – Constitucional

# 5. O paradigma eudemonista

Novos ventos sopram no horizonte do direito desde o século XIX até a atualidade, e com eles uma transformação substancial na estrutura intersubjetiva das relações familiares. A família e o direito de família não seriam mais os mesmos de outrora.[87] Na cadeia evolutiva da organização familiar, a afetividade emergiu derrubando as fronteiras de um patrimonialismo enraizado na cultura jurídica pátria.

A família idealizada pelo legislador em 1916, em um modelo patriarcal, heterossexual, matrimonializado e hierarquizado,[88] responsável pela perpetuação do Estado, com ideários oitocentistas tardios, esmoreceu frente à realidade cotidiana das relações familiares.

Esta nova família que exsurgiu tomou outros contornos, deixando de ser aquela chamada grande família, proposta para fins econômicos e políticos, para se tornar um grupo nuclear, embasado em uma nova proposta fundada em companheirismo e afetividade.[89]

O papel desenvolvido pela família do século XIX, ou mesmo aquela que o legislador pretendeu estabelecer, a denominada família legítima, foi sendo gradativamente alterada pela evolução da sociedade. O avanço da tecnologia levou o homem à lua, o da ciência a descobrir

---

[87] Carlyle Popp, *Direito Civil Constitucional*, p. 152: o Direito não tem assistido incólume às mutações sofridas pela sociedade, quer em seus aspectos sociais, quer nos econômicos, políticos e religiosos".

[88] Luiz Edson Fachin, *Elementos Críticos do Direito de Família*, p. 34.

[89] João Baptista Villela, *Liberdade e Família*, p. 11.

métodos anticonceptivos, a comunicação permitiu a difusão violenta de idéias e comportamentos.[90]

A alteração das relações familiares se desenvolve em um quadro social, político e econômico extremamente tumultuado. Basta, para tanto, lembrar que no período histórico em que houve esta transformação, do início do século XX ao seu final, ocorreram duas grandes guerras, uma crise econômica mundial sem precedentes, a polarização política e ideológica do binômio capitalismo e socialismo, um avanço industrial, científico e tecnológico inquestionável. Nesta linha histórica, regimes totalitários se ergueram e desmoronaram, prevaleceu a democracia, seja com maior ou menor concreticidade.

A família, como reflexo de um grupo de indivíduos inseridos neste contexto, transformou-se. Os contraceptivos permitiram à mulher e ao homem controlar a procriação. Este controle teve impacto fundamental na estrutura familiar. Não se tem filhos pela possibilidade de evitá-los. Tê-los passou a ser um opção livre e consciente, inclusive com a responsabilidade inerente, não somente da concepção, mas do desenvolvimento humano da criança.

O grupo familiar numeroso, que visava, permitir um aumento da mão-de-obra rural, tendo como chefe unicamente o marido e estando a mulher a ele submetida por um vínculo social, religioso e fundamentalmente jurídico, representado pela matrimonialização, perde espaço para a família nuclear, consistente apenas na tríade pai-mãe-filho.[91]

A figura do casamento perde seu caráter transpessoal, dando lugar à realização íntima dos cônjuges, "o caráter instrumental do casamento de outrora, vale dizer, seu condicionamento a interesses extrínsecos, nomeadamente da Igreja e do Estado, cede ao recorte

---

[90] Eric Hobsbawn, *Era dos extremos: o breve século XX: 1914/1991*, p. 12-26. A obra citada faz uma análise histórica do século XX, intitulando-o como "o breve século XX". Diz o autor que nenhum outro século sofrera tantas transformações, em todas as esferas, como neste último.

[91] João Batista Villela, *liberdade e família*, p. 11.

---

Estudos de Direito Civil – Constitucional
Volume 2

pessoal que lhe dão os cônjuges, com vistas à realização mútua".[92]

Cresce no seio desta família, em contornos jurídicos, o equilíbrio e a igualdade, com a devida ampliação da capacidade civil da mulher, até outrora submetida ao marido. Na esfera econômica, a igualdade no gerenciamento do patrimônio. De cunho íntimo, uma valorização da sexualidade como via gratificadora e pilar de sustentação da relação conjugal.

O relacionamento entre pais e filhos transformou-se profundamente, não mais servindo aquele sistema senhoril, partindo-se para um reconhecimento do menor e de sua função dentro da própria entidade familiar. Esta nova família está voltada para a realização dos interesses de seus indivíduos, não mais em si e por si como instituição.

Villela resume o centro desta relação que se estabelece, como concepção eudemonista[93] de família, dizendo que "o indivíduo não pensa que ele exista para a família e o casamento, mas que a família e o casamento existem para o seu desenvolvimento pessoal".[94] Sobressai, assim, o caráter instrumental da família.

Outra característica deste novo modelo de entidade familiar está na procriação, que deixa de ser uma necessidade ou uma obrigação para se tornar uma escolha. Ademais, tantos foram os avanços que nem mesmo há necessidade biológica de os cônjuges gerarem filhos, podendo utilizar-se de diversos meios científicos à realização deste ato, seja por meio de geração *in vitro*, ou inseminação artificial.

---

[92] João Batista Villela, *Liberdade e família*, p. 13.

[93] Ana Carla Harmatiuk Matos, *as famílias não fundadas no casamento e a condição feminina*, p. 105. Nesta parte a autora menciona Jacques Leclerq, na obra *As grandes linhas da filosofia moral*, p. 74-75, dizendo que há relação de eudemonismo está vinculada à moral utilitarista grega, onde repousa a idéia de que "o homem procura ser feliz e que este é o fim da vida [...] A moral grega é dominada pela idéia de que o homem busca a felicidade [...] Costuma-se distiguir, na moral grega, o hedonismo e o eudemonismo. O hedonismo é a moral do prazer, o eudemonismo, a moral da felicidade".

[94] *Liberdade e família*, p. 15.

Ainda, a adoção resta como possibilidade factível e perfeitamente aceitável, onde o vínculo familiar de afetividade e paternidade se ergue, embora o conteúdo biológico não esteja presente.

Com relação aos filhos, papel importante é reservado à escola, no momento em que deixa de ser um privilégio dos clérigos e torna-se instrumento de iniciação social. Com isto a família concentra-se na criança, no seu aprendizado e no seu zelo, desenvolve-se, conseqüentemente, uma maior afetividade para com a figura do menor.[95]

Segundo Philippe Ariès, "a substituição da aprendizagem pela escola exprime também uma aproximação da família e das crianças, do sentimento da família e do sentimento da infância, outrora separados. A família concentrou-se em torno da criança".[96] A escolarização tem importante destaque para a transformação da relação paterno-filial. Antoine Prost pontua que:

"De fato, o aumento da escolarização remete a transformações muito mais profunda: mais do que uma socialização dos aprendizados, é um aprendizado da sociedade. Antes, esse aprendizado se dava dentro da família, e esta podia ser definida com justeza como a 'célula de base' da sociedade. Sob fortes pressões econômicas, ela era regida por normas que podiam ser aplicadas em meios mais abrangentes, submetidos a pressões semelhantes. [...] Se os pais se tornaram menos autoritários, mais liberais, mais abertos, é sem dúvida porque os costumes evoluíram, mas também e principalmente porque as razões de impor esta ou aquela atividade ao filho deixaram de existir. [...] A liberalização da educação familiar faz com que a família transfira

---

[95] Rosana Amara Girardi Fachin, *em busca da família do novo milênio: uma reflexão crítica sobre as origens históricas e as perspectivas do Direito de Família brasileiro contemporâneo*, p. 45-46.

[96] *História social da criança e da família*, p. 232.

---

Estudos de Direito Civil – Constitucional

para a escola o aprendizado da vida em sociedade".[97]

Outro traço capital para esta nova forma familiar reside no papel desenvolvido pela mulher, enquanto esposa, trabalhadora, mãe e agente social de transformação. A condição feminina evoluiu no decorrer deste período, inserindo-se no mercado de trabalho, ampliando sua autonomia.[98]

O fenômeno da industrialização, conjuntamente com êxodo rural, através da decadência da vida no campo e o aumento considerável da população nas grandes cidades, trouxe consigo a necessidade de a mulher ingressar no mercado de trabalho.

O homem, como figura patriarcal, em realidade, não sustentava unicamente a família. A colaboração da mulher no sustento doméstico passou a ser uma necessidade, não uma opção. A segurança material advinda do casamento não encontra guarida em uma mulher capaz de prover suas necessidades.

Para Rosana Fachin, "à medida que aufere sua liberdade econômica, a mulher passa a ser sujeito de sua própria história e como tal a família se modifica engendrando um tempo diverso".[99] A mulher não aceita mais uma situação passiva e dependente, buscando independência, instruindo-se e trabalhando.[100]

Outro aspecto basilar desta família contemporânea está centrada na sexualidade e no reconhecimento do sexo como fonte de prazer. O sexo deixa de ter caráter unicamente procriativo, para se tornar recreativo.[101] A

---

[97] *História da vida privada: da primeira guerra aos nossos dias: fronteiras e espaço privado – a família e o indivíduo*, p. 82.

[98] Nesse sentido Ana Carla Harmatiuk Matos, *As famílias não fundadas no casamento e a condição feminina*, p. 93-96. Ainda, Rosana Amara Giradi Fachin, *em busca da família do novo milênio: uma reflexão crítica sobre as origens históricas e as perspectivas do Direito de Família brasileiro contemporâneo*, p. 51-55.

[99] *Em busca da família do novo milênio: uma reflexão crítica sobre as origens históricas e as perspectivas do Direito de Família brasileiro contemporâneo*, p. 52.

[100] Cristina Zamberlan, *Os novos paradigmas da família contemporânea: uma perspectiva interdisciplinar*, p. 43.

[101] João Batista Villela, *Liberade e família*, p. 26.

diferença de concepção é primordial, porque é também através desta gratificação erótica que o casal vai encontrar a plenitude como relação de afeto.

Para Cristina Zamberlan, "amor e sexo nunca estiveram tão juntos na estrutura familiar, representando um amadurecimento da relação homem e mulher, para o qual o conhecimento da psicanálise ao longo deste século, fizeram-se perceber".[102]

Villela indica que o novo modelo de casamento e a superação da ética matrimonial procriativa refletem o processo de desdemonização pelo qual passou a sexualidade em nossa cultura.[103] Esta sexualidade refletida não somente entre os cônjuges, mas também aquela estimuladora do contato, do afago e do afeto para com os filhos.

Hodiernamente, considerando a possibilidade de desfazimento do vínculo conjugal ou da unidade familiar juridicamente entendida, sem maiores preconceitos sociais, e com a naturalidade que somente a realidade fática possibilita, a liberdade passa a preceito nodal e supremo do vínculo familiar.

Esta liberdade traz contundente responsabilidade que não mais reside em instância ética extrínseca, mas, contrariamente, intrínseca, colocando o integrante deste grupo familiar no árduo trabalho decisório, pela escolha do caminho da autodeterminação. Assim, a liberdade de ir-se dá consistência à decisão de permanecer, renovada a cada momento na opacidade cinzenta do quotidiano.[104]

Nesta nova realidade, o patrimônio cede lugar ao afeto, acontecendo um processo denominado por Pietro Perlingieri de "despatrimonialização"[105] do Direito, adaptando-se a família aos novos valores, na passagem

---

[102] *Os novos paradigmas da família contemporânea: uma perspectiva interdisciplinar*, p. 54. A autora refere a importante contribuição da psicanálise para o desenvolvimento da família e do indivíduo.

[103] *Liberdade e família*, p. 25.

[104] *Ibidem*, p. 20.

[105] *Perfis do direito civil: introdução ao Direito Civil constitucionalizado*, p. 33.

de uma jurisprudência de interesses patrimoniais para outra configuração, voltada aos valores existenciais, humanos, e afetivos.[106]

"A família, por princípio, não tem mais o desenho jurídico do ente familiar fundado na lei de desigualdade, exclusivamente matrimonializado e transpessoal. Ao largo do Código, e mesmo contra o Código Civil e até afrontando certos códigos culturais, os fatos foram veiculando sua reforma que abriu portas na jurisprudência e na legislação esparsa. Daí emergiu uma dimensão renovada, eudemonista, florescida para dar espaços à igualdade e à direção diárquica, à não discriminação".[107]

Assim, às portas da virada do século, a família deixou de ser ente jurídico único, passando a adotar uma pluralidade de formas e uma diversidade de relações. É neste espectro, na valorização do afeto como fonte precípua da família, na renovação dos papéis do marido, da mulher e dos filhos, que chegamos à Constituição de 1988, onde se elegeu como princípio fundamental do Estado a dignidade da pessoa humana, e a família tomou contornos finalmente sociais, adequando-se ao tempo e ao momento histórico da sociedade.

---

[106] Rosana Amara Giradi Fachin, *em busca da família do novo milênio: uma reflexão crítica sobre as origens históricas e as perspectivas do Direito de Família brasileiro contemporâneo*, p. 10-11.

[107] Luiz Edson Fachin, *A reforma do direito brasileiro: novas notas sobre um velho debate no Direito Civil*, p. 67.

# 6. Família e Constituição

A família trilhou longo caminho desde o século XIX até os dias atuais. Nesta travessia perdeu características marcantes de uma época em que o homem se libertava do Estado e mantinha como cerne de sua preocupação, além da repulsa ao Estado como regulador das atividades privadas, o patrimônio. Neste viés, patrimônio e personalidade se fundiram.

No Século XX, importantes transformações ocorreram nas bases da entidade familiar. A evolução legislativa e social refletiu no direito de família, alterando-o cabalmente. A grande família, berço e célula da sociedade, cedeu lugar à família nuclear, multiforme, independente dos vínculos jurídicos, mas perfeitamente em consonância com os desejos de afeto e construção do indivíduo enquanto integrante desta entidade.

A possibilidade de dissolver o vínculo matrimonial, o controle da procriação, o equilíbrio econômico entre os conviventes e o clamor por uma concretização de um Estado Social de Direito resultaram na Carta Constitucional de 1988, e em todos os princípios nela elencados concernentes à família e ao indivíduo.[108]

---

[108] Rosana Amara Giradi Fachin, *Em busca da família do novo milênio: uma reflexão crítica sobre as origens históricas e as perspectivas do Direito de Família brasileiro contemporâneo*, p. 77. Neste trecho, a autora considera a Constituição Federal de 1988 como ápice deste movimento social, político e legislativo. Por questão de sistemática do presente trabalho, considera-se a Carta Magna não como ápice, mas como fundação, como início, para possibilitar, neste esteio, um alastramento das entidades familiares, sempre mantendo uma visão sistemática e axiológica dos princípios fundadores de nossa sociedade.

A atual família brasileira não é mais compatível com aquele modelo arcaico, patriarcal, matrimonializado, hierarquizado, heterossexual e de cunho eminentemente transpessoal e patrimonialista. A concepção viva da família traz a afetividade como paradigma supremo das relações familiares.

A Constituição concebe outra família, sendo apreendidos novos conceitos. Está presente a pluralidade familiar, onde o matrimônio deixa de ser o único meio definidor da família, a igualdade substancial, além daquela formalmente estabelecida, e a direção da entidade toma contornos dialógicos e diárquicos. O modelo adotado, então, é aquele eudemonista, onde a família e o casamento estão para o indivíduo e para o seu desenvolvimento na busca da felicidade.[109]

A Constituição erigiu novos princípios regulamentadores da família e do indivíduo. Reconheceu a família como base da sociedade,[110] e não mais com a visão anterior de célula do Estado. Neste entendimento está consubstanciada a ruptura com a função política existente que marcou a cena histórica brasileira até meados do século XX.[111]

Conforme assevera Paulo Luiz Netto Lôbo acerca desta nova família: "desapareceram suas funções política, econômica e religiosa, para as quais era necessária a origem biológica. Hoje, a família recuperou a sua função que, por certo, esteve nas suas origens mais remotas: a de grupo unido por desejos e laços afetivos, em comunhão de vida".[112]

Com a Constituição Federal de 1988, três são os princípios regentes das relações familiares: o da dignidade da pessoa humana, o da liberdade e o da igualdade. Dentre estes, destaca especial função ao primeiro – dignidade da pessoa humana –, pois considera princípio

---

[109] Luiz Edson Fachin, *Elementos críticos do Direito de Família*, p. 51.

[110] Constituição Federal, art. 226. A família, base da sociedade, tem especial proteção do Estado.

[111] Paulo Luiz Netto Lôbo, *Constitucionalização do Direito Civil*, p. 104.

[112] *Ibidem*, p. 104.

estruturante e conformador[113] de todos os demais princípios constitucionais.[114] Este princípio está concebido no art.1º da Constituição, sendo parte da organização social e política do país, e encontra-se reforçado, no tocante à família, no art. 226, § 7º.

> "[...] alcançada pelo art. 1º, inciso III, da Constituição Federal, dá conteúdo à proteção da família atribuída ao Estado pelo artigo 226 do mesmo Texto Maior: é a pessoa humana, o desenvolvimento de sua personalidade, o elemento finalístico da proteção estatal, para cuja realização devem convergir todas as normas do direito positivo, em particular, aquelas que disciplinam o Direito de Família, regulando as relações mais íntimas e intensas do indivíduo social".[115]

O princípio da dignidade da pessoa humana, em família, compreende a possibilidade de o indivíduo buscar a sua realização como membro integrante de um núcleo de afeto, onde encontra calor humano, abrigo e proteção,[116] e onde é respeitada sua condição, seja de criança, mulher, ou de homem.

O segundo princípio trazido, ou seja, o da liberdade, corresponde à possibilidade de autodeterminação da família, autonomia de escolha na constituição, forma e extinção da entidade familiar. Corresponde também, à possibilidade de escolha por credo, modelo educacional e projeto parental próprios. Entretanto, esta liberdade de escolha compreende a responsabilidade dos membros

---

[113] José Afonso da Silva, *Curso de Direito Constitucional positivo*, p. 97. O autor remete a Jorge Miranda, constitucionalista português, quando este ressalva em seu Manual de Direito Constitucional, t.II/199, a função ordenadora dos princípios fundamentais, bem como sua ação imediata, enquanto diretamente aplicáveis ou diretamente capazes de conformarem as relações político-constitucionais, aditando, ainda, que a "ação imediata dos princípios consiste, em primeiro lugar, em funcionarem como critério de interpretação e de integração, pois são eles que dão coerência geral ao sistema".

[114] *Constitucionalização do Direito Civil*, p. 105.

[115] Gustavo Tepedino, *Temas do Direito Civil*, p. 328.

[116] Michelle Perrot, *O nó e o ninho*, p. 81.

---

Estudos de Direito Civil – Constitucional
Volume 2

em respeitar a liberdade do outro, assim como a dignidade de todos. Apreende-se, assim, que esta liberdade contém em seu bojo uma opção valorativa pela autonomia e os ônus decorrentes desta.

Neste aspecto, o Estado permite-se intervir na autonomia individual para proteger os integrantes se estes estiverem sob qualquer forma ameaçados em sua liberdade e autonomia. Pietro Perlingieri, acerca da intervenção do Estado na família, assim expõe:

> "A delineada função serviente da família, assim como a de qualquer outra formação social, explica o papel da intervenção do Estado na comunidade familiar. Ela se traduz, em geral, na necessidade de que seja respeitado o valor da pessoa na vida interna da comunidade familiar. Isso não é por um motivo de Estado, nem de 'família', isto é, por uma razão superior ao interesse das partes, mas porque a comunidade familiar deve inspirar-se, como qualquer formação social, no princípio de democracia. [...] igualdade significa democracia, participação com igual título na condução da vida familiar. O discurso envolve também a posição dos filhos".[117]

Como terceiro princípio, tem-se o da igualdade. Tal princípio já estava insculpido desde a Revolução Francesa, sendo apenas formalmente aplicado. Quando se busca a igualdade, trata-se de uma igualdade material e formal, diferentemente de outrora[118] que se tinha formalmente estabelecida uma igualdade, embora materialmente os resultados se traduziam em grandes injustiças sociais.

> "La igualdad jurídica es insuficiente por sí sola. La igualdad en sentido pleno supone no sólo la igualdad jurídica, esto es, la igualdad de trato ante la ley y la eliminación de la discriminación de iure, sino

---

[117] *Perfis do Direito Civil*, p. 246.

[118] Basicamente séculos XVIII e XIX, em virtude da igualdade formalmente estabelecida na Revolução Francesa.

también la igualdad de facto, esto es, la igualdad de oportunidades para ejercer los proprios derechos y desarrollar las proprias aptitudes y condiciones potenciales, para lo cual es necesaria la eliminación de la discriminación de facto: social, económica, cultural y familiar".[119]

Esta igualdade em família se traduz pela paridade entre os conviventes, sem, entretanto, falar-se em igualdade entre pais e filhos, pois estes últimos merecem maior tutela do Estado e da sociedade. Deve-se, portanto, respeitar as diferenças inerentes a cada ser humano em suas peculiaridades.[120]

Dentre as alterações trazidas pela Constituição Federal, merece destaque, inicialmente, o reconhecimento à pluralidade de formas da família hodiernamente vivenciada, conforme prevê o art. 226, §§ 3º e 4º. Nestes parágrafos está consubstanciada uma profunda alteração na estrutura familiar juridicamente tutelada, porque expressamente reconhece a existência da união estável e da comunidade monoparental. Tal reconhecimento deve-se à aproximação da norma à realidade fática da sociedade.

Esta realidade, concretizada pela Carta Maior, intensificou seu desenvolvimento já com o advento da Lei do Divórcio, que abarcou inúmeras pessoas que se encontravam à margem da tutela jurídica, "a Lei do Divórcio veio para pôr fim ao vínculo matrimonial, e proporcionou liberdade de escolha, permitindo às pessoas o direito de constituírem ou não novas famílias".[121] Esta liberdade foi positivada pelo § 6º do art. 226, quando, de forma expressa, autoriza a dissolução da relação matrimonial.

A família monoparental reconhecida pela Constituição é aquela formada por qualquer dos cônjuges e

[119] *Los derechos de las mujeres*, p. 156.

[120] Paulo Luiz Netto Lôbo, *Constitucionalização do Direito Civil*, p. 105.

[121] Rosana Amara Giradi Fachin, *Em busca da família do novo milênio: uma reflexão crítica sobre as origens históricas e as perspectivas do Direito de Família brasileiro contemporâneo*, p. 79.

seus descendentes. Cumpre pontuar, que está desconfigurada a necessidade de procriação para formação de uma entidade familiar, eis que este modelo não possui tal potencialidade.[122]

Com relação à união estável prevista constitucionalmente, é importante frisar que a proteção dada pelo Estado a este modelo fez repercutir através de lei infraconstitucional,[123] na jurisprudência e na doutrina pátria, um manancial decisório favorável, reconhecendo-se o direito à mulher ou ao homem, mesmo que sem a égide do matrimônio, os direitos sucessórios,[124] ou aos alimentos decorrentes desta relação.[125]

Outro tópico a ser analisado diz acerca da igualdade entre homem e mulher dentro das relações familiares. Inicialmente, a Constituição Federal, em seu art. 5º, I, estabelece concretamente a igualdade entre os sexos, assim como o art. 3º, IV, veda qualquer discriminação por identidade sexual.

Em consonância, o art 226, § 5º, estabelece que os direitos e deveres concernentes à vida conjugal são exercidos de maneira igualitária, trazendo uma forma dialógica e diárquica de desenvolvimento do projeto parental. Neste viés, são, felizmente, cada vez mais raras as decisões dos tribunais[126] que mencionam qualquer adjetivo à mulher quando da separação, como previsto na legislação infraconstitucional, ao tratar, *v.g.*, da mulher honesta.[127] Tal adjetivação tem somente o condão de manter a discriminação e a desigualdade.

Considera-se, atualmente, que uma sociedade conjugal se desfaz mediante contribuição recíproca dos

---

[122] Maria Berenice Dias, *União Homossexual*, p. 55.

[123] Primeiramente a Lei 8.971/94 e após a Lei 9.278/96.

[124] Ana Carla Harmatiuk Matos, *As famílias não fundadas no casamento e a condição feminina*, p. 146.

[125] *Ibidem*, p. 142.

[126] Retira-se do julgado acerca do concubinato, o trecho: "mulher honesta, viveu, durante o concubinato, como se esposa fosse." TJSP – Einfr. 107.222-1 – 8ª CC – Rel. Villa da Costa. 09.05.90.

[127] Expressão utilizada no art. 215 do Código Penal.

conviventes, tendo cada um sua parcela de responsabilidade e não cabendo ao intérprete julgar tais condutas ou comportamentos morais, salvo se no interesse da criança, quando deverá considerar igualmente os genitores, sem distinção legal ou terminológica.

Verifica-se, ainda, a confirmação desta visão eudemonista da família adotada pelo legislador constitucional no § 8º do art. 226, quando prescreve que "o Estado assegurará a assistência à família na pessoa de cada um dos que a integram [...]". Desta forma, o Estado preocupa-se com o indivíduo integrante da família, e não mais com a instituição, família.

Outro aspecto fundamental da Carta Magna é a proteção atribuída à criança e aos filhos. Nesta nova família, prevista pela Constituição, a criança tornou-se "um cidadão, sujeito de direito, apto a reclamar a devida atenção".[128]

A relação paterno-filial sofreu drástica alteração. Ao menor foi reservada parte importante da legislação destinada à família. O art. 227 da Constituição Federal compreende verdadeiro estatuto da criança, insculpindo para o Estado e para a família a obrigação de garantir condições dignas ao desenvolvimento do menor, seja sob espectro material ou psicológico.[129]

Igualmente importante foi a expressa previsão de não-discriminação entre os filhos havidos na constância do casamento ou relacionamento, e aqueles havidos fora desta relação, assim como aos filhos adotados, conforme dispõe o art. 227, VII, § 6º.

Cumpre frisar neste aspecto que o novo Código Civil brasileiro reassume uma postura patrimonialista e, de forma nociva, contraria a previsão expressa da Constituição Federal relativamente à extinção de qualquer forma de discriminação dos filhos adotados e dos natu-

---

[128] Rosana Amara Girardi Fachin, *Em busca da família do novo milênio: uma reflexão crítica sobre as origens históricas e as perspectivas do Direito de Família brasileiro contemporâneo*, p. 94.

[129] Como decorrência da previsão constitucional de amparo ao menor têm-se o Estatuto da Criança e do Adolescente, Lei 8069/90.

Estudos de Direito Civil – Constitucional
Volume 2

rais, eis que, conforme pontua Luiz Edson Fachin ao analisar o artigo 1628 do novo texto legal:

"Percebe-se, pois, que o diploma legal projetado restringe as relações de parentesco entre adotante, adotado e descendentes deste. Os ascendentes, demais descendentes e colaterais do adotante não possuírem relação de parentesco com o adotado, no texto do projeto, ao menos numa exegese literal.

Essa restrição viola o dispositivo constitucional que prevê o direito da criança à convivência familiar, que implica, necessariamente, sua plena integração à entidade familiar da qual passa a fazer parte.

Constitui, também, violação direta à norma constitucional que prevê a igualdade entre os filhos: no seio da família, haverá um novo ente que, embora possua relação de parentesco com seus pais adotivos, não a possuirá com os 'avós', 'irmãos', ou outros colaterais. Operar-se-á, pois, tratamento diferenciado do adotado, pelo Direito, em suas relações com a família à qual, pela adoção, deveria se integrar".[130]

Esta igualdade trouxe conseqüências diversas às relações civis. O filho, independentemente se havido na constância do casamento, passa a ter reconhecido seus direitos patrimoniais de sucessão e, principalmente, de ser alimentado e educado.[131] Abriu-se ainda, na esteira, o direito do menor em ter conhecimento dos seus genitores, facultando a ele a legitimidade de buscar o Judiciário para averiguar sua ascendência genética.[132]

Por fim, a obrigação de mútua assistência contida na Constituição Federal deu novos contornos à relação

---

[130] Luiz Edson Fachin e Carlos Eduardo Pianovski Ruzyk. *Um projeto de Código Civil na contramão da Constituição*. Revista Trimestral de Direito Civil, vol. 4, out-dez 2000, p. 243-263.

[131] Art. 4º da Lei 8.096/90.

[132] Utiliza-se tal expressão, e não "paternidade", por conceber neste último sentido maior do que aquele biologicamente estabelecido, abarcando, também, e, principalmente, o vínculo afetivo.

dos pais para com os filhos, assim como criou a obrigação dos filhos para com seus ascendentes. O art. 229 da Carta Magna prescreve a responsabilidade da assistência comum entre pais e filhos, devendo estes últimos amparar os pais quando necessário, de tanta e igual forma que lhes é devida assistência.[133]

A família constitucionalizada é "essencialmente funcionalizada à dignidade de seus membros, em particular no que concerne ao desenvolvimento da personalidade dos filhos".[134] Nela esmoireceu-se o caráter patrimonializado, tornando-se lugar de afeto e desenvolvimento pessoal. Não se configura como transpessoal, mas dá forças à pessoalidade dos vínculos, ungidos pela vontade de permanecer unidos, em um caminhar contínuo de aprendizado. É lugar de sonhos e de compartilhamento: é "ninho".[135]

Em conformidade com estes novos valores familiais, pôs-se, com base nas relações de afeto e busca do pleno desenvolvimento, o reconhecimento da união de indivíduos do mesmo sexo, como entidade familiar, estando assim na pauta de discussão científico-jurídica.

---

[133] Problemática crescente no país, sobre o tratamento concedido aos idosos.

[134] Gustavo Tepedino, *Temas de Direito Civil*, p. 48-49.

[135] Michele Perrot, *O nó e o ninho*, p. 81.

# 7. Receptividade da união de indivíduos do mesmo sexo no ordenamento jurídico

A união de indivíduos do mesmo sexo[136] é tema destacado na atualidade para os debates em matéria de Direito Civil, seja no tocante ao direito das obrigações, como contrato, ou no concernente ao direito de família, como entidade.

Para determinar a receptividade desta relação de afetividade pelo ordenamento jurídico, é imprescindível sejam estabelecidas diretrizes interpretativas, de tal sorte que se possa avaliar a necessidade ou não de reconhecimento pelo ordenamento pátrio da relação de indivíduos do mesmo sexo e, em especial, o seu reconhecimento como entidade familiar.

O reconhecimento desta entidade perpassa pela construção de um direito personalíssimo à orientação sexual,[137] oriundo dos princípios da liberdade e da igualdade, sem distinção de qualquer natureza,[138] combinados com os princípios da inviolabilidade da intimidade e da vida privada,[139] sem prejuízo da vedação cons-

---

[136] O presente trabalho adotou esta terminologia por acreditar ser esta com menor carga ideológica, podendo transitar sem resbalo para a vulgaridade ou para confrontamento ontológico. Outras expressões são adotadas, como união estável homossexual, para José Lamartine Correa e Francisco José Ferreira Muniz, em estabelecimento da filiação e paternidade presumida, p. 183.

[137] Luiz Edson Fachin, *Apectos jurídicos da união de pessoas do mesmo sexo*, p. 114.

[138] Art. 5º da Constituição Federal de 1988.

[139] Art. 5º, inciso X, também da Carta Magna.

titucional ao preconceito e discriminação por sexo, cor, raça ou credo.[140]

Segundo Luiz Edson Fachin, "o direito personalíssimo à orientação sexual conduz a afastar a identificação social e jurídica das pessoas por esse predicado".[141] Continua, o autor, dizendo que a eficácia deste direito está condicionada ao modelo jurídico prevalente, ancorado em valores sociais.[142] Desta forma enuncia: "A atribuição de uma posição jurídica depende, pois, do ingresso da pessoa no universo de titularidades que o próprio sistema define. Desse modo, percebe-se claramente que o sistema jurídico pode ser, antes de tudo, um sistema de exclusão".[143]

A pessoa, portanto, necessita ser sujeito de direito[144] para ter suas relações tuteladas, e, ainda assim, deve estar em consonância com as disposições normativas vigentes. Neste caso, "o atestado de nascimento é, dessa forma, um registro do ingresso da pessoa no universo jurídico, disposto a conferir segurança e estabilidade nas relações jurídicas".[145]

Ao contrário de outrora, mais precisamente meados do século XVIII, quando o indivíduo passava a ser sujeito de direito somente com o advento da idade e com a possibilidade de adquirir patrimônio e transacioná-lo,[146] o sistema reconhece atualmente que qualquer pes-

---

[140] Art. 3º, inciso IV, Constituição Federal.

[141] *Apectos jurídicos da união de pessoas do mesmo sexo*, p. 117.

[142] Ricardo Aronne, *Princípios e cláusulas no novo Direito Civil*, 2001: Em palestra proferida por este autor, o mesmo alerta que a eficácia dos direitos está ancorada em valores jurídicos, porque a característica de exclusão provém da sociedade, cabendo ao direito tutelar as minorias.

[143] Luiz Edson Fachin, *Apectos jurídicos da união de pessoas do mesmo sexo*, p. 115.

[144] Alícia Ruiz, *De la construcción del sujeto a la construcción de una nueva cidadanía*, p. 12: "Los hombres no son sujetos de derecho, sino que están sujetados por él [...] Sin ser aprehendidos por el orden de lo jurídico no existimos, y luego, sólo existimos según sus mandatos [...] Quien no há sido interpelado y reconocido por el derecho como sujeto, quien no tiene atribuida la palbra em el mundo jurídico carece de los atributos para ser indentificado como ciudadano".

[145] Luiz Edson Fachin, *Apectos jurídicos da união de pessoas do mesmo sexo*, p. 117.

[146] Sendo tal fato possível somente ao ente masculino.

soa humana, pelo simples fato da concepção,[147] merece tutela jurídica.

Todavia, este mesmo ordenamento determina através do registro de nascimento que tipo de relação afetiva juridicamente tutelada o indivíduo poderá desenvolver neste panorama social, sendo-lhe furtado o direito de autonomia e autodeterminação de suas relações. Não se adequando aos modelos preexistentes de relacionamentos, estará ele à mercê da marginalização do próprio sistema.

Do ponto de vista jurídico-interpretativo, o argumento mais consistente para impedir o reconhecimento pelo ordenamento jurídico da união de indivíduos do mesmo sexo como entidade familiar refere-se à interpretação do Texto Constitucional.[148]

Discute-se, neste tópico, a previsão expressa de três configurações familiares: a fundada no casamento,[149] a união estável entre homem e mulher com *animus familiae*,[150] e aquela formada por qualquer dos pais com seus descendentes.[151]

Conforme pontua Maria Celina B. Moraes, "o raciocínio jurídico implícito a este posicionamento pode ser inserido entre aqueles que compõe a chamada teoria da 'norma geral exclusiva' segundo a qual, resumidamente, uma norma, ao regular um comportamento, ao mesmo tempo exclui daquela regulamentação todos os demais comportamentos".[152]

Norberto Bobbio aponta que a norma geral exclusiva tem seu ponto fraco, e assim escreve:

---

[147] Para o presente estudo, válida é a dimensão ontológica do ser humano.

[148] Maria Celina Bodin de Moraes, *A união entre pessoas do mesmo sexo: uma análise sob a perspectiva civil constitucional*, p. 104.

[149] Art. 226, *caput*.

[150] Art. 226, § 3º.

[151] Art. 226, § 4º.

[152] *A união entre pessoas do mesmo sexo: uma análise sob a perspectiva civil constitucional*, p. 105. A teoria mencionada pela autora é esposada por Norberto Bobbio, no livro *Teoria do Ordenamento Jurídico*, p. 133.

"Também a teoria da norma geral exclusiva tem seu ponto fraco. Aquilo que diz, o diz bem, e com aparência de grande rigor, mas não diz tudo. O que ela não diz é que, normalmente, num ordenamento jurídico não existe somente um conjunto de *normas particulares inclusivas* e uma *norma geral exclusiva* que as acompanha, mas também um terceiro tipo de norma, que é *inclusiva* como a primeira e *geral* como a segunda, e podemos chamar de *norma geral inclusiva*. Chamamos de 'norma geral inclusiva' uma norma como a que vem expressa no artigo 12 das Disposições preliminares do ordenamento italiano, segundo a qual, no caso de lacuna, o juiz deve recorrer às normas que regulam casos parecidos ou matérias análogas. [...] Como se vê, as conseqüências da aplicação de uma ou de outra norma geral são bem diferentes, aliás, opostas".[153]

Deste modo, caberia ao intérprete aplicar a norma geral exclusiva – a *contrario sensu* –, ou a norma geral inclusiva – a *simili*. Tal aplicação gera ao intérprete, no caso concreto, duas soluções antagônicas à mesma problemática proposta. Assim sendo, qualquer destas formas de interpretação, embora largamente utilizadas, não mais se adaptam à realidade, pois outras dimensões devem ser consideradas para a interpretação dos textos constitucionais, como a dimensão social, política, econômica e cultural.[154]

Faz-se necessário vislumbrar, para uma melhor interpretação das normas, o sistema no qual elas estão inseridas, de tal sorte que não mais as normas sejam em si interpretadas, mas sempre em consonância com o sistema a que pertecem. Assim, a "interpretação sistemática tem por objeto o sistema jurídico na sua condição de

---

[153] *Teoria do ordenamento jurídico*, p. 133-134. (Grifos do original). Para o ordenamento jurídico pátrio, corresponde ao art. 4º da Lei de Introdução ao Código Civil.

[154] Maria Celina Bodin de Moraes, *A união entre pessoas do mesmo sexo: uma análise sob a perspectiva civil constitucional*, p. 105.

totalidade axiológica",[155] sendo que "qualquer norma singular só se esclarece plenamente na totalidade das normas, dos valores e dos princípios".[156]

Nesta esteira interpretativa, coloca-se a questão da existência jurídica de outras formas familiares que não aquelas expressamente estabelecidas pela Constituição Federal em seu artigo 226 e parágrafos.

Verifica-se a necessidade de indagar se, por a Constituição não prever outras formas de família (ou relações de socioafetividade), estas automaticamente estariam excluídas do ordenamento jurídico, ou, vislumbrando a semelhança fática dos objetos, estariam incluídas na expressão "entidade familiar",[157] com a conseqüente ampliação desta noção.

Em Acórdão proferido pelo Superior Tribunal de Justiça, a noção de entidade familiar restou ampliada, conforme decisão da 4ª T., Resp. 159851-SP, Rel. Min. Ruy Rosado de Aguiar, julgado em 13.03.1998, publicado no DJ de 22.06.1998, com a seguinte ementa: "Os irmãos solteiros que residem no imóvel comum constituem uma entidade familiar e, por isso, o apartamento onde moram goza da proteção de impenhorabilidade, prevista na Lei 8009/90, não podendo ser penhorado na execução de dívida assumida por um deles".

A Constituição ao erigir como princípio fundamental a dignidade da pessoa humana, elevou a tutela do indivíduo ao ápice normativo, de forma a impedir que qualquer estrutura institucional, inclusive a família, pudesse se sobrepor à tutela de seus integrantes, sendo tal orientação válida também para instituições com *status* constitucional.[158]

Assim sendo, a tutela pretendida pela Carta Magna é dirigida ao indivíduo e busca a realização do mesmo como pessoa e de sua felicidade. Fundamental neste

---

[155] Juarez Freitas, *A interpretação sistemática do Direito*, p. 15.

[156] *Ibidem*, p. 15-16.

[157] Maria Celina Bodin de Moraes, *A união entre pessoas do mesmo sexo: uma análise sob a perspectiva civil constitucional*, p. 107.

[158] Gustavo Tepedino, *Temas de Direito Civil*, p. 350.

aspecto não é a proteção à forma familiar prescrita, porque anteriormente voltada para o formalismo matrimonial. Mas, e antes de tudo, a proteção ao conteúdo familiar, como núcleo de desenvolvimento e aprendizado, meio de companheirismo e mútua assistência, lugar de difusão de carinho e afeto. Neste viés, a família tem caráter instrumental, não sendo mais instituição fim de seus membros, mas caminho para a descoberta do indivíduo em si. Maria Celina B. Moraes leciona:

> "Se a família, através de adequada interpretação dos dispositivos constitucionais, passa a ser entendida como 'instrumento', não há como se recusar tutela a outras formas de vínculos afetivos que, embora não previstos expressamente pelo legislador constituinte, se encontram identificados com a mesma *ratio*, com os mesmos fundamentos e com a mesma função. Mais do que isto: a admissibilidade de outras formas de entidades 'familiares' torna-se obrigatória quando se considera seja a proibição de qualquer forma de discriminação entre as pessoas, especialmente aquela decorrente de sua orientação sexual – a qual se configura como um direito personalíssimo –, seja a razão de que o legislador constituinte se mostrou profundamente compromissado com a dignidade da pessoa humana (art. 1º, II, CF), tutelando-a onde quer que sua personalidade melhor se desenvolva".[159]

A jurisprudência pátria tem atendido o clamor social de justiça e equilíbrio. Desta forma, tem reconhecido a competência da Vara de família para processamento das ações relativas às uniões de indivíduos do mesmo sexo. Exemplo disto é o Acórdão da 8ª Câmara Civil do TJ-RS, nos autos do Agravo de Instrumento nº 599075496, tendo como Relator o Desembargador Breno Moreira Mussi, julgado em 17/06/1999:

---

[159] *A união entre pessoas do mesmo sexo: uma análise sob a perspectiva civil constitucional*, p. 108.

"Ementa: Relações homossexuais. Competência para julgamento de separação de fato dos casais formados por pessoas do mesmo sexo. Em se tratando de situações que envolvem relações de afeto, mostra-se competente para julgamento da causa uma das varas de família, a semelhança das separações ocorridas entre casais heterossexuais. Agravo Provido."

Em conformidade com a Constituição Federal e os princípios elencados, mostra-se de forma veemente e com acerto a decisão de apelação civil onde se discutia a alteração do registro civil, julgada em 10/03/1994, pela 3ª Câmara Civil do Tribunal de Justiça do RS, sendo Relator o Desembargador Luiz Gonzaga Pila Hofmeister:

"Ementa: É preciso, inicialmente, dizer que homem e mulher pertencem a raça humana. Ninguém é superior. Sexo é uma contingência. Discriminar um homem é tão abominável como odiar um negro, um judeu, um palestino, um alemão ou um homossexual. As opções de cada pessoa, principalmente no campo sexual, hão de ser respeitadas, desde que não façam mal a terceiros. O direito a identidade pessoal é um dos direitos fundamentais da pessoa humana. A identidade pessoal é a maneira de ser, como a pessoa se realiza em sociedade, com seus atributos e defeitos, com suas características e aspirações, com sua bagagem cultural e ideológica, é o direito que tem todo o sujeito de ser ele mesmo. A identidade sexual, considerada como um dos seus aspectos mais importantes e mais complexos compreendidos dentro da identidade pessoal, forma-se em estrita conexão com uma pluralidade de direitos, como são aquelas atinentes ao livre desenvolvimento da personalidade etc., para dizer assim, ao final: se bem que não é ampla nem rica a doutrina jurídica sobre o particular, é possível comprovar que a temática não tem sido alienada para o direito vivo, quer dizer para a jurisprudência comparada. Com efeito em direito vivo tem sido buscado e correspondido e atendido pelos juizes na falta de disposições legais e expressa no Brasil, ai está o art. 4º da Lei de Introdução ao Código Civil a permitir a equidade e a busca da justiça. Por esses motivos é de ser deferido o pedido de retificação do registro civil para alteração de nome e de sexo."

Os julgados demonstram a aplicação dos princípios fundamentais ao caso concreto pela via da valorização da dignidade da pessoa humana, mantendo a harmonia do sistema jurídico existente.

Todavia, com o intuito de negar o reconhecimento da União de Indivíduos do Mesmo Sexo como entidade familiar, encontra-se outro argumento que é a necessidade de função procriativa existente na família heterossexual. Rainer Czajkowski, ao tratar do tema, assevera:

"Por mais estável que seja, a união sexual entre pessoas do mesmo sexo – que morem juntas ou não – jamais se caracteriza como uma entidade familiar. A não configuração de família, nestes casos, é resultante não de uma análise sobre a realização afetiva e psicológica dos parceiros, mas sim da constatação de que duas pessoas do mesmo sexo, não formam um núcleo de procriação humana e de educação de futuros cidadãos".[160]

Este argumento não mais encontra guarida na concepção contemporânea da família, onde o sexo deixou de ter caráter procriativo, passando a ter função recreativa, com fim de harmonizar a relação conjugal.[161] Confere

---

[160] *União Livre*, p. 172. Inicialmente, a expressão 'união sexual' utilizada não parece correta, considerando que a relação não tem somente caráter sexual, mas também, e principalmente, vínculo afetivo e de mútuo desenvolvimento. Também, a visão familiar trazida pelo autor está enraizada na teoria clássica do Direito Civil, embasada em princípios liberais, onde a família é núcleo de procriação e sociabilização da prole.

[161] João Batista Villela, *Liberdade e família*, p. 26. Neste sentido também Maria Berenice Dias, *União homossexual*, p. 55.

suporte a este novo sentido da sexualidade o fato de que a esterilidade de um dos parceiros não descaracteriza a entidade familiar. Ao contrário, reforça o entendimento de que o laço afetivo é pedra fundamental da família.

Ademais, o legislador constituinte identificou na família monoparental a possibilidade de reconhecimento de entidade familiar sem potencial procriativo. Tênue seria aceitar que na família monoparental há possibilidade de constituição de outro grupo heterossexual, porque este reconhecimento teve como escopo a afetividade, e não uma potencialidade procriativa.

Outra face desta discussão está no reconhecimento desta relação como uma sociedade de fato, à semelhança do que ocorrera com o concubinato anteriormente, utilizando-se como fundamento a Súmula 380 do STF.[162] Embora tal posicionamento encontre amparo na jurisprudência dos pretórios brasileiros,[163] e seja em certa forma bastante razoável do ponto de vista lógico, não se coaduna com uma melhor exegese[164] constitucional, que deve ser perseguida pela comunidade de juristas.[165]

---

[162] Súmula 380 do Supremo Tribunal Federal: Comprovada a existência de sociedade de fato entre os concubinos, é cabível sua dissolução judicial, com a partilha do patrimônio adquirido pelo esforço comum.

[163] Nesse sentido, REsp 148897, Superior Tribunal de Justiça, Rel. Min. Ruy Rosado de Aguair, julgado em 10 de fevereiro de 1998. Com a seguinte ementa: "Sociedade de fato. Homossexuais. Partilha do bem comum. O parceiro tem o direito de receber a metade do patrimônio adquirido pelo esforço comum, reconhecida a sociedade de fato com os requisitos previstos no art. 1363 do Ccivil." No extenso voto do relator, merece transcrição a seguinte passagem "(...) nada se justifica que se recuse aqui aplicação ao disposto na norma de direito civil que admite a existência de uma sociedade de fato sempre que presentes os elementos enunciados no art. 1.363, do CC: mútua obrigação de combinar esforços para lograr fim comum [...] Examinando os julgados que enfrentaram a questão, desde os primórdios do surgimento desta orientação jurisprudencial, vê-se que o eg. STF, em repetidas ocasiões, ao aplicar a Súmula 380, reafirmou o seu entendimento de que a sociedade de fato, e não a convivência *more uxório* é que legitima a partilha de bens".

[164] Alexandre Pasqualini, *Hermenêutica e sistema jurídico: uma introdução à interpretação sistemática do direito*, p. 23: "A exegese, portanto, não se dá de conhecer como simples e secundário método ancilar à ciência jurídica. Como fenômeno algo transcendental da cognição, o acontecer hermenêutico não é exterior, passivo, muito menos neutro em face de seu objeto. A experiência

A tutelar no Direito das Obrigações uma relação socioafetiva, defronta-se inevitavelmente com a aplicação de normas contratuais, desconsiderando o caráter afetivo e humano que está intrínseco na relação. Ademais, como aponta Maria Berenice Dias, "se tal solução aparentemente se afigura justa quando ocorre a separação dos conviventes, assim não o é quando o fim do relacionamento decorre da morte do parceiro [...] na hipótese de falecimento, persiste o enriquecimento sem causa, ao outorgar-se somente a meação dos bens ao sobrevivente".[166] O sistema jurídico, como pontua Ricardo Aronne:

> "[...] impõe ao intérprete a apreensão da norma vinculada ao caso concreto, compreendida em seu contexto social de aplicação, necessariamente otimizadora do próprio pensar jurídico, para a viabilização da compreensão da essência do fenômeno jurídico em seus efeitos e reflexos, atendendo sua finalidade instrumental de regulação, em consonância com o Estado Social Democrático de Direito que deve concretizar".[167]

Nesta esteira, os argumentos trazidos por aqueles doutrinadores que rechaçam o reconhecimento da união de indivíduos do mesmo sexo como entidade familiar,[168] ou como a jurisprudência que a contempla meramente

---

interpretativa se sabe interior e imanente à ordem jurídica. Na sua relação com o intérprete, o sistema não atua como um sol que apenas fornece sem nada receber em troca. Que fique claro que o sistema ilumina, mas também é iluminado. A ordem jurídica, enquanto ordem jurídica, só se põe presente e atual no mundo da vida através da luz temporalizada da hermenêutica. São os intérpretes que fazem o sistema sistematizar e, por conseguinte, o significado significar".

[165] *Ibidem*, p. 26: "Trata-se, portanto, sem prejuízo da regra da polinterpretabilidade, de tarefa intrinsecamente dialógico e crítica, em que a comunidade hermenêutica dos juristas culmina ou por sulfragar as interpretações mais adequadas ou, então, por desenganar as mais aberrantes".

[166] *União homossexual: o preconceito e a justiça*, p. 83.

[167] *Por uma interpretação hermenêutica dos direitos reais limitados*, p. 27.

[168] Rainer Czajkowski, *União livre*, p. 167. Nesse sentido também, Caio Mário da Silva Pereira, *Instituições de direito civil*.

como sociedade de fato,[169] confrontam com a aplicabilidade dos direitos fundamentais da pessoa humana, conteúdo essencial do Estado Social de Direito.[170]

Por fim, para concretizar os direitos fundamentais da pessoa humana, na busca da felicidade, e em consonância axiológica com os princípios constitucionais, sistematicamente analisados, deve-se reconhecer a união de indivíduos do mesmo sexo como entidade familiar, igualmente fundada no afeto e no desenvolvimento dos seus integrantes, merecendo, assim, a tutela jurídica do Estado.

---

[169] Tribunal de Justiça do Rio de Janeiro, Apelação Cível 1813/93, 1ª Câmara Cível, Relator JD Subst. Des. Marlan de Moraes Marinho, julgado em 14.09.1993. "Ementa: Sociedade de fato. Declaração de existência e dissolução. A declaração de existência, e a dissolução de sociedade de fato entre amancebadas somente pode ser feita se houver prova inconteste da contribuição dos sócios na aquisição do patrimônio da sociedade, não se confundindo esta com o regime universal da comunhão de bens, adotado nos casamentos. Recurso provido.

[170] Ingo Wolfgang Sarlet, *A eficácia dos direitos fundamentais*, p. 63. "No âmbito de um Estado social de Direito – e o consagrado pela nossa evolução constitucional não foge a regra – os direitos fundamentais sociais constituem exigência inarredável do exercício efetivo das liberdades e garantia de igualdade de chances (oportunidades), inerentes à noção de uma democracia e um Estado de Direito de conteúdo não meramente formal, mas, sim, guiado pelo valor da justiça material".

# 8. Conclusão

A evolução dos contornos familiares através de um curto período temporal configurou um modelo de grupo familiar embasado no paradigma eudemonista, na busca da felicidade e da realização do ser.

Nesta travessia, coube ao legislador o papel de normatizar ou constitucionalizar modelos familiares que a jurisprudência, por trabalho interpretativo, colhera do fenômeno social.

O debate que vem à luz não está mais centrado na figura do concubinato ou das relações socioafetivas de homens e mulheres. Outro assunto subtrai a atenção da doutrina e do intérprete, requerendo seja vislumbrada com olhos científicos, atentos à realidade factível da sociedade.

A temática proposta na atualidade para o Direito, e em especial o Direito Civil, está focada nas relações de indivíduos do mesmo sexo, na sua receptividade pelo ordenamento jurídico e nos efeitos jurídicos que dela emanam.

A discussão aborda vários aspectos, entre os quais, o reconhecimento da relação de homossexualidade como sociedade de fato e, por via de conseqüência, com processamento perante varas cíveis, como sendo parte integrante do direito das obrigações. Ou, por outro lado, e com mais acerto, o reconhecimento como entidade familiar e a vinculação às varas de família, correspondendo à esfera do direito de família.

Independentemente da corrente adotada, o fato que se mostra insuperável é o de que a questão merece amplo debate, na busca pela satisfação dos anseios sociais e pela justiça, calcada nos princípios fundamentais do Estado Social, onde a dignidade da pessoa humana se sobrepõe a outros interesses.

No aparente vácuo jurídico de norma expressa a tutelar as uniões de indivíduos do mesmo sexo, o preconceito emerge, encontrando, todavia, resistência daqueles que pretendem concretizar o Estado Social de Direito. O Judiciário, embora ainda timidamente, está enfrentando a realidade social, porque tem, através de constantes decisões, ampliado e concretizado os princípios fundamentais. A doutrina, por outro lado, se mostra ainda diminuta e apreensiva em reconhecer tais relações, permitindo ainda, em certa medida, um discurso excludente.

O legislador, ao trazer à luz este novo Código Civil, mais uma vez relegou ao Judiciário a árdua tarefa de concretizar os princípios fundamentais do Estado, eis que, de forma excludente e omissa, silenciou sobre o tema, de maneira a manter uma ultrapassada visão de entidade familiar, centrada no patrimônio e na discriminação, deixando de realizar os anseios da sociedade por uma efetiva igualdade.

A Constituição, como conjunto principiológico, deve ser lida de forma sistemática, não se permitindo ao intérprete contrariar seus basilares fundamentos. Neste viés, tem-se que a melhor exegese das normas constitucionais, aquela que considera os valores, a realidade social e o ser humano na sua integralidade, deve conceber esta nova família, repersonalizada e constitucionalizada, como lugar de realização dos indivíduos, sejam homem ou mulher, criança ou idoso, homo ou heterossexual.

Na sobreposição dos direitos fundamentais às normas, inclusive expressas pelo texto constitucional, depreende-se a receptividade da união de indivíduos do mesmo sexo pelo sistema jurídico, reconhecendo-lhe, eis que realidade fática, o *status* de entidade familiar.

Nesta esteira, é oferecido o presente trabalho à comunidade jurídica, como contribuição na busca incessante pela concretização da dignidade humana, em toda a sua amplitude, e na realização do Estado Social Democrático de Direito. Neste caminho está a travessia para o ser humano completo e realizado, encontrando, na raiz da existência, a felicidade como dom supremo.

# Referências bibliográficas

ARANOVICH, Rosa Maria de Campos. Incidência da Constituição no Direito Privado: *Revista da Procuradoria-Geral do Estado do Rio Grande do Sul*. Porto Alegre, 1994. n. 22 (50), p. 47-58.

ARIÈS, Philippe. *História Social da Criança e da Família*. 2. ed., Rio de Janeiro: Guanabara, 1981.

ARONNE, Ricardo. *Por uma nova hermenêutica dos direitos reais limitados*. Rio de Janeiro: Renovar. 2001.

——. *Propriedade e domínio:reexame sistemático das noções nucleares de direitos reais*. Rio de Janeiro: Renovar. 1999.

AZEVEDO, Antônio Junqueira. *O Direito Civil tende a desaparecer?* Revista dos Tribunais. São Paulo, 472, p. 15-31, fevereiro, 1975.

BEVILAQUA, Clóvis. *Direto da Família*. 8. ed., Rio de Janeiro: Freitas Bastos. 1956.

BOBBIO, Norberto. *Teoria do Ordenamento Jurídico*. Brasília: Editora Universidade de Brasília, 1997.

BRASIL, Tribunal de Justiça do Estado de São Paulo. Meação. Embargos Infringentes 107.222-1. (n.c.) e (n.c.). Relator: Desembargador Villa da Costa. 09 de maio de 1990. PINTO, Teresa Arruda Alvim (coord.). Repertório de jurisprudência e doutrina de família: aspectos constitucionais, civis e processuais. São Paulo: Revista dos Tribunais, 1993. p.321-322.

——. Superior Tribunal de Justiça. Recurso Especial 159851-SP. 4ª Turma. Relator Ministro Ruy Rosado de Aguiar. 13 de março de 1998. DJ de 22.06.1998.

——. Superior Tribunal de Justiça. Recurso Especial 148897-MG. 4ª Turma. Relator Ministro Ruy Rosado de Aguiar. 13 de fevereiro de 1998.

CANARIS, Claus-Wilhelm. *Pensamento sistemático e conceito de sistema na ciência do direito*. Trad. A. Menezes Cordeiro.Lisboa: Fund. Calouste Gulbenkian, 1989.

CANOTILHO, José Joaquim Gomes. *Constituição dirigente e vinculação do legislador*. Coimbra: Coimbra Editora Limitada, 1994.

CARBONERA, Silvana Maria. O papel jurídico do afeto nas relações de família. In FACHIN, Luiz Edson. *Repensando os Fundamentos do Direito Civil Contemporâneo*. Rio de Janeiro: Renovar, 1998.

CZAJKOWSKI, Rainer. União livre: à luz da Lei 8971/94 e da Lei 9278/96.Curitiba: Juruá Editora, 1997.

CORRÊA, Mariza. Repensando a família patriarcal brasileira. In ARANTES, Antônio Augusto. [et.al.]. *Colcha de Retalhos. Estudos sobre a família no Brasil.* 3a ed., Campinas: Editora da UNICAMP, 1994.

DIAS, Maria Berenice. *União homossexual: o preconceito e a justiça.* Porto Alegre: Livraria do Advogado, 2000.

FACHIN. Luiz Edson. A Reforma no Direito Civil Brasileiro: Novas notas sobre um velho debate no Direito Civil. *Revista dos Tribunais,* São Paulo, RT, n° 757, p.64-69, 1998.

———. *Estabelecimento da filiação e paternidade presumida.* Porto Alegre: Fabris, 1992.

———. *Limites e possibilidades da nova teoria geral do Direito Civil.* Estudos Jurídicos, Curitiba: Universitária Champagnat, v.2, n° 1, p. 101-109, 1995.

———. *Elementos Críticos do Direito de Família.* Rio de janeiro: Renovar, 1999.

———. *Estado, posse e propriedade: do espaço privado à função social.* Texto não publicado. Curitiba, 1996.

———. *Repensando os fundamentos do Direito Civil Brasileiro Contemporâneo.* Rio de janeiro: Renovar, 1998.

———; RUZYK, Carlos Eduardo Pinovski. Um projeto de Código Civil na contramão da Constituição. *Revista Trimestral de Direito Civil.* Rio de Janeiro: Padma, RTDC, vol 4, p. 243-263, out-dez, 2000.

———. Aspectos jurídicos da união de pessoas do mesmo sexo. In: BARRETO, Vicente [org.]. *A nova família: problemas e perspectivas.* Rio de Janeiro: Renovar, 1997.

FACHIN, Rosana Amara Girardi. *Em busca da família do novo milênio. Uma reflexão crítica sobre as origens históricas e as perspectivas do Direito de Família brasileiro contemporâneo.* Rio de Janeiro: Renovar, 2001.

FERNÁNDEZ, Encarnación. Los derechos de las mujeres. In: BALLESTEROS, Jesús Org. *Derechos Humanos.* Madrid: Gráficas Molina, 1992.

FINGER, Júlio César. Constituição e direito privado: algumas notas sobre a chamada constitucionalização do Direito Civil. In SARLET, Ingo Wolfgang, *A Constituição Concretizada.* Porto Alegre:Livraria do Advogado, 2000.

FREITAS, Juarez. *A interpretação sistemática do direito.* São Paulo: Malheiros, 1998.

———. *A substancial inconstitucionalidade da lei injusta.* Porto Alegre: Vozes, 1989.

GOMES, Orlando. *Raízes históricas e sociológicas do Código Civil brasileiro.* Salvador: Progresso, 1958.

———. *O novo direito de família.* Porto Alegre: Sergio Antonio Fabris Editor, 1984.

HOLANDA. Sérgio Buarque de. Raízes do Brasil. 26. ed., São Paulo: Companhia das Letras, 1995.

Estudos de Direito Civil – Constitucional
Volume 2

LÔBO, Paulo Luiz Netto. A repersonalização das relações de família. In BITTAR, Carlos Alberto. *O Direito de Família e a Constituição de 1988*. São Paulo: Saraiva, 1989. p.64.

——. Constitucionalização do direito civil. *Revista de Informação Legislativa*. Brasília. jan./mar. 1999. a. 36, n. 141. p. 99-109.

——. Princípio jurídico da afetividade na filiação. Disponível em http://www.jus.com.br/doutrina/afetfili.html, acesso em 26.06.01.

——. Contrato e mudança social. *Revista dos Tribunais*, São Paulo: RT, n.722, p.40-45, 1995.

LIRA, Ricardo Pereira. Breve estudo sobre as entidades familiares. In BARRETO, Vicente [org]. *A nova família: problemas e perspectivas*. Rio de Janeiro: Renovar, 1997. p.25-45.

MATOS, Ana Carla Harmatiuk. *As famílias não fundadas no casamento e a condição feminina*. Rio de Janeiro: Renovar, 2000.

MEIRELES, Jussara. O ser e o ter na codificação civil brasileira: do sujeito virtual à clausura patrimonial. In: FACHIN, Luiz Edson. *Repensando os Fundamentos do Direito Civil Contemporâneo*. Rio de Janeiro: Renovar, 1998. p.87-114.

MIRANDA, Jorge. Direitos fundamentais e interpretação constitucional. *Revista do Tribunal Regional Federal da 4ª Região*, Porto Alegre: O Tribunal, n.30, p.21-34, 1998.

MIRANDA, Pontes de. *Tratado de Direito Privado*. 3. ed., Tomo VII. Rio de Janeiro: Editor Borsoi. 1971.

MORAES, Maria Amália Dias de. A Constituição e o Direito Civil. *Revista da Procuradoria Geral do Estado do Rio Grande do Sul*. Porto Alegre: Inst. Informática Jurídica, nº 48, p.45-54, 1993.

MORAES, Maria Celina Bodin de. *A caminho de um Direito Civil Constitucional*. Revista de Direito Civil, São Paulo, 1993. n. 65. p. 21-32.

——. *A união entre pessoas do mesmo sexo: uma análise sob a perspectiva civil-constitucional Revista Trimestral de Direito Civil*. Rio de Janeiro: Padma, RTDC, nº 1, p. 89-112, jan-mar, 2000.

MOTA, Carlos Alberto Pinto. *Teoria geral do Direito Civil*. 2. ed., Coimbra: Coimbra Editora, 1983. p. 216.

PASQUALINI, Alexandre. Sobre a Interpretação Sistemática do Direito. *Revista do Tribunal Regional Federal da 1ª Região*, Brasília, out./dez. 1995, n. 7(4). p. 95-109.

——. *Hermenêutica e sistema jurídico – Uma introdução à interpretação sistemática do Direito*. Porto Alegre: Livraria do Advogado, 1999.

——. O público e o privado. In: SARLET, Ingo (org.). *O direito público em tempos de crise*. Porto Alegre: Livraria do Advogado, 1999.

PERLINGIERI, Pietro. *Perfis do Direito Civil: introdução ao Direito Civil Constitucional*. Rio de Janeiro: Renovar, 1999.

PERROT, Michelle [org]. *História da vida privada: da Revolução Francesa à Primeira Guerra*. São Paulo: Companhia das Letras, 1992. v.4.

——. *O nó e o ninho*. Veja 25 anos: Reflexões para o futuro. São Paulo: Abril, 1993. p. 75-81.

POPP, Carlyle. Princípio constitucional da dignidade da pessoa humana e a liberdade negocial: a proteção contratual no direito brasileiro. In: LOTUFO, Renan (org.). *Direito Civil Constitucional*, São Paulo: Max Limonad, 1999.

PROST, Antoine [org]. *História da vida privada: da Primeira Guerra aos nossos dias*. São Paulo: Companhia das Letras, 1992.

RUÍZ, Alícia. De la desconstrucción del sujeto a la construcción de una nueva ciudadanía (inédito). *Apud in:* MATOS, Ana Carla Harmatiuk. *As famílias não fundadas no casamento e a condição feminina*. Rio de Janeiro: Renovar, 2000.

SAMARA. Eni de Mesquita. Patriarcalismo, família e poder na sociedade brasileira (séculos XVI – XIX). *Revista Brasileira de História*. São Paulo: ANPUM/ Marco Zero, vol.11, n°22 – março/agosto 1991.

SARLET, Ingo Wolfgang. Direitos Fundamentais e Direito Privado: algumas considerações em torno da vinculação dos particulares aos direitos fundamentais. In SARLET, Ingo Wolfgang, *A Constituição Concretizada*. Porto Alegre:Livraria do Advogado, p. 107-163, 2000.

———. *A eficácia dos direitos fundamentais*. Porto Alegre: Livraria do Advogado, 1998.

TEPEDINO, Gustavo. *Temas de Direito Civil*. Rio de Janeiro: Renovar, 1999.

———. O Código Civil, os chamados microssistemas e a Constituição: premissas para uma reforma legislativa. In TEPEDINO, Gustavo [coordenador]. *Problemas de Direito Civil-constitucional*. Rio de Janeiro: Renovar. 2000.

VILLELA, João Baptista. *Liberdade e Família*. Belo Horizonte: Movimento Editorial da Faculdade de Direito de UFMG. 1980.

———. O casamento e família na futura Constituição brasileira: a contribuição alemã. *Revista de Informação Legislativa*. Brasília. out./dez. 1987. a. 24, n. 96. p. 291-314.

WIEACKER, Franz. *História do Direito Privado Moderno*. 2ª ed. Lisboa: Calouste Gulbenkian, 1993. p. VER.

ZAMBERLAM, Cristina de Oliveira. *Os Novos Paradigmas da Família Contemporânea – Uma perspectiva interdisciplinar*. Rio de Janeiro: Renovar, 2001.

*Impressão:*
Editora Evangraf
Rua Waldomiro Schapke,77 - P. Alegre, RS
Fone: (51) 3336-2466 - Fax: (51) 3336-0422
E-mail: evangraf@terra.com.br